한글을 아시나요?

아지라天텬女녕ㅣ 늴록갓고동

놀히 오그듸 는 當당時쎵녜뎝

니도로 가살루 목숨론房빵득

에 완나아ᄉ 살리라 難난 고라깃걷

ᄀ구와 슝홍大부톄니루 나니거신

땅 獄옥 올 뵈ᄉ니가마 이듫나래

어니 難난 隨땅ㅣ 부텻 ᄒᆞ디 來링

허두고 톻됴 호가마 쟝 브려보

톄니루 샤디 네가 무러 양오로여

란 罪쪙人신 올룡ᄒᆡ 두ᄉ어사ᄅᆞᆷ

ㅣ 獄옥 卒쥻 두려ᄫᅳ로 王왕이안

진대영

떡볶이 공장, 의자 공장, 웨딩 뷔페, 식당 주방 홀, 이사업체, 유리 새시, 액자 제작, 형틀 목수 보조, 소나무 굴채, 영업용 택시, 젖소 농장(트랙터, 포클레인, 스키로우더, 덤프), 착유 헬퍼, 비닐하우스 설치, ATM기 부스 제작 설치, 물류센터 상·하차, 예초기, 도로 포장, 시스템 비계, 조경 시설물(덱, 난간, 파고라, 경계석, 보도블록, 판석, 잔디 등), 조경 식재, 용접 등의 현장 일을 해왔고, 지금은 대부분 조경 시설물에 관련된 현장 일을 인력사무소를 통해 10년 넘게 하고 있습니다.

남원에서 태어나 19년+약 9~10년, 백령도 해병대 28개월, 서울 경기에서 이래저래 4~5년, 부산에서 1년 반, 광주에서 4~5년, 현재 대전에서 10년 이상 살고 있습니다. 계속 살 생각입니다.

사는 게 좀 그래서, 상당 시간 조울증에 빠져 있었고, 진단도 받은 적 있습니다. 현재는 이가 거의 다 빠진 상태입니다. 좋아하는 두부도 씹지 못합니다. 이가 이토록 소중한 것인 줄 알았다면 진작에 보험이라도 들어 둘 걸 그랬습니다. 문제는 얼굴이 점점 함몰되어 가고 있다는 것인데요, 하루빨리 임플란트를 할 생각입니다. 이런 기술이 있어서 천만다행입니다. 그리고 저는 자본주의의 신용 불량자이기도 할 것입니다. 정확히 어느 정도의 신용인지는 잘 모르겠습니다만, 이것도 올해 안으로는 좀 더 나은 등급 쪽으로 회복하기 위해 노력하겠습니다. 암튼, 무엇을 위해 살아왔는지 진짜 잘 모르겠습니다. 아버지, 작은아버지, 누나, 동생들뿐만 아니라, 여러 사랑하는 친구들과 선후배들께도 가슴 아프게만 한 것 같아, 죄송스럽기 그지없습니다. 평생 반성해야 할 부분이라고 생각합니다. 늘 좋을 수만은 없겠지만, 연락하면서 함께 살아가도록 또한 노력하겠습니다.

타이젬 바둑 3~4단 정도입니다. 5단도 몇 번 올라간 적 있습니다만, 오래 버티지 못합니다. 시간을 보내기 위해 수천수만 번의 바둑을 두었는데도 좀처럼 실력이 늘지 않습니다.

50년이 지나서야, 제 자신이 무엇인지 아주 조금은 알 것 같습니다. 물론 안다고 해서 '예수 그리스도님'과 '석가모니 부처님' 같은 성인이 될 수 없다는 것은 너무도 자명한 일입니다. 보편적 도덕과 윤리에서 벗어나지 않도록 노력하겠습니다만, 사람이다 보니 실수하는 일도 종종 생기지 않을까 하고 염려되기도 합니다.

'한글'에 대해 오랫동안 생각해 왔습니다. 여전히 부족하고 불완전한 생각입니다. 하지만 열심히 생각해보았습니다. '한글'에 관한 이야기라고 해서 삶과 자연과 사회와 동떨어진 이야기가 아닙니다. 세종대왕께서 만드신 '훈민정음'은 인간과 사회와 자연이 총 망라되어 표현된 매우 합리적인 언어 기호체계입니다. 600여 년 전 세종대왕께서 숱한 고뇌 끝에 만드신 '한글'로 책을 읽고 공부하고 생각하며 저의 자아를 만들어 왔습니다. 너무너무 감사합니다. 세종대왕님! 메타버스 안에서라도 만나 뵙고 막걸리 한 잔 올리고 싶습니다.

모두들 늘 건강하세요.

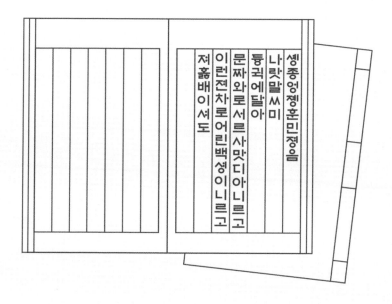

셰종엉졩훈민졍음

나랏말ㅆ미

듕귁에달아

문짜와로서르사맛디아니ㄹ씨

이런젼차로어린백셩이니르고

져훓배이셔도

제1장
한글

다양한 상식으로
풀어낸 재미있는
한글 이야기

한글을 아시나요?

제2장
부록

제1장
한 글

'한글'을 아시나요? (모음)

한글에 관해 말씀드리기 전에

    소리는 물체가 진동할 때 만들어진 파동이 공기를 따라 귀를 때릴 때 들리는 것이라고 합니다. 그리고 빛은 시신경을 자극하여 사물을 볼 수 있도록 해주는 일종의 전자기파라고 합니다. 이렇게 감각을 자극한다는 것은 힘으로 충격을 가한다는 것과 같기 때문에, 귀를 때리는 것은 소리의 힘이고 눈을 때리는 것은 빛의 힘이라고 말씀드릴 수 있습니다. '말소리'도 소리이기 때문에 당연히 힘(F)과 에너지(E)를 가지고 있습니다. 귀에 대고 고함을 치면 고막이 터질 수도 있을 만큼 충분한 에너지를 가지고 있습니다. 놀랍게도 지금은 소리로 홀로그램을 만들어 작은 사물을 들어 올릴 수도 있다고 합니다.

　뜨거운 햇볕에 오래 있으면 살이 탑니다. 껍질이 벗겨지고 따끔따끔합니다. 떨며 날아오는 뜨거운 태양 입자들에게 열나게 두들겨 맞는 것과 같습니다. 나뭇잎들은 대환영이겠지만 사람들은 나무 그늘에 더 환장합니다. 지나친 빛을 피하고 싶은 자연스러운 현상입니다. 이와 같은 현상들은 분명 과학적 현상들입니다. 뜨거운 햇볕의 물리적 공격을 피해 그늘로 숨는 운동이니까요.

　소리도 마찬가지입니다. 늦은 밤 윗집에서 '쿵쾅'거리는 소리가 계속 들리거나, 옆방 TV 소리가 벽을 뚫고 심지어 소음방지 귀마개까지 뚫고 들려오면, 이건 아주 돌아버릴 지경에 이르기도 합니다. 그렇지 않아도 피곤해 죽겠는데…, 눈 딱 감자마자 잠들어버리면 얼마나 좋겠습니까만, 이놈의 생각들이 분위기 파악도 못 하고 있으니, 제 딴에 귓구멍

꽉 틀어막고 청각이라도 먼저 곤히 잠들게 하려는 애달픈 일과(?) 아니 겠습니까? 의지와 상관없이 솟아오르는 아드레날린 때문에 참이슬 한 병 반쯤은 늘 가슴에 쌓고, 그렇게 숨어 살아가는 것인지도 모르겠습니다.

시골 살다가 서울 가면 한동안 괴롭습니다. 여러 환경요인 때문인데, 그중에 시끄러운 소리가 차지하는 비중도 꽤 될 것입니다. 소리만 가지고도 서울은 너무 많은 에너지를 낭비하고 있는 것 같습니다. 아무튼, 이것도 서울의 소리가 시골 소리의 관성과 항상성을 물리 다발적으로 공격하기 때문에 일어나는 현상입니다.

"말할 기운도 없어."라는 말은 진짜 말할 힘이 별로 없다는 뜻입니다. 그리고 공부를 많이 하면 금방 배가 고파진다고 하는 데, 진짜로 그런 것입니다. 책을 볼 때 소리를 내지 않고 읽는 것처럼 생각하지만 속으로 열나게 소리 내며 에너지를 소모하고 있기 때문입니다. 영화「타짜」에서 '아귀'가 '정 마담'한테 "생각(상상)이 많으면 그 인생 고달파!"라고 하잖아요? 그런 데 진짜 그럴 수 있습니다. 왜냐면 '생각'은 '언어(말)'로 이루어진 것이기 때문입니다. 언어가 없으면 생각도 거의 일어나지 않습니다. 그래서 머릿속에 너무 많은 말들이 혼란스럽게 내재하여 있으면 그만큼 에너지 소비가 많아 살도 잘 안 찌고, 머리가 아주 복잡·예민해지다 보니 상대방의 작은 언어 자극(말 한마디)에도 짜증을 확 내버리는 공격성 때문에 아무래도 외부들과의 관계도 원만하게 이루어지기가 좀 어려워질 수 있습니다. 외부 세계와의 충돌이 많을수록 인생이 고달

파질 확률도 높아질 수밖에 없을 것입니다. 그래서 지극히 과학적으로, 가끔은 그냥 확 단순해지는 것이 삶에 유리할 때가 있는 것 같습니다. 생각을 너무 많이 해서 버려지는 에너지도 줄일 수 있고, 이놈의 말 때문에 벌어지는 다툼도 한결 줄일 수 있을 것이기 때문입니다.

소리는 에너지입니다. 모든 물질은 질량(m)을 가지고 있습니다. 질량(m)은 에너지를 만드는 기본 요소입니다. 상대성이론의 식인 'E=mc2'에서 에너지와 질량의 등가 원리를 확인할 수 있는데, 이 식을 'm=E/c2'의 식으로 치환해 보면 질량을 가진 물질 속에 에너지가 잠재되어 있다는 것을 알 수 있습니다. 따라서 소리도 에너지이기 때문에 모든 물질 속에는 소리도 늘 함께 잠재되어 있다고 말씀드릴 수 있습니다. 또한, 모든 물질은 관성을 가지고 있습니다. 관성은 일종의 버릇 또는 습관이라고 할 수 있는데, 그대로 유지되고 싶은 항상성의 하나인 것입니다. 바로 이 항상성이 깨질 때 나는 사물의 외침 에너지가 곧 소리라고 말씀드릴 수 있을 것입니다.

그런데 관성이 깨지기 위해서는 자신의 고유한 운동상태를 파괴하는 외부의 힘이 작용해야만 합니다. 물론 그 외부의 힘도 고유한 관성을 가지고 있기 때문에 그 또한 자신의 관성이 파괴되는 것이라고 말씀드릴 수 있습니다. 따라서 소리는 두 물체가 충돌(마찰)하여 서로의 관성이 깨질 때 잠재되어 있던 각각의 소리 에너지가 튀어나와 마구 몸을 섞는 것이라고 말씀드릴 수 있을 것입니다.

부딪히면 소리가 납니다. 마찰도 부딪히는 것입니다. 바람이 풀잎을

흔드는 것도 부딪히는 것이고, 물이 계곡을 따라 흘러내려 가는 것도 매 순간 부딪히는 것입니다. 잔잔한 호수에 돌을 던지는 것도 부딪히는 것이고, 포클레인의 아주 시끄러운 악다구니도 기름이 타고 터지면서 엔진을 비롯한 여러 기관이 마구 부딪히는 것입니다.

세상은 온통 소리입니다. 소리가 이미 있음으로 청각도 생겨난 것이겠지요. 우리의 귀에 다 들리지 않아서 그렇지 세상은 온통 소리, 즉 아우성들입니다. 바위는 바람을 맞아 소리가 나고 비를 맞고도 소리가 납니다. 굴러떨어지는 돌을 맞고도 소리가 나고 푸른 이끼가 마구 파고들 때도 간질간질한 소리를 우렁차게 냅니다. 우리의 귀에 다 들리지 않을 뿐입니다. 세상은 온통 소리이기 때문에 또한 온통 부딪히는 세계라고 말씀드릴 수 있습니다. 서로 다른 관성들의 충돌로 인해 터져 나오는 숱한 외침의 세계인 것입니다.

그런데 세상엔 자음 소리만 있는 것 같습니다. 솔직히 모음 소리가 있는지 도무지 알 수 없는데요, 인간을 제외한 세계에는 거의 자음 소리만 존재하는 것 같습니다. 동물 중에 모음과 비슷한 소리를 내는 경우가 있겠지만, 인간의 말(언어)소리에 감히 비할 수는 없을 것입니다. 물론 절대 동물을 비하하는 것은 아닙니다만, 그도 그럴 것이 동물은 손이 아니라 거의 모든 걸 입으로 해결해야 하기에 사람만큼 말할 수가 없습니다. 그래서 음성기관이 사람만큼 발달할 수가 없었을 것입니다.

바위는 바위 나름의 주파수를 가지고 있습니다. 전혀 움직이지 않는 것처럼 보이지만, 수많은 힘들의 벡터 작용에 의해 끊임없이 떨고 있을 것이기 때문입니다. 그래서 바위는 침묵 같은 소리를 끊임없이 내고 있는 상태라고 말씀드릴 수 있습니다. 그와 같은 상태에서 바람이 바위에 난 이끼를 쓸고 지나가면 'ㅅ' 소리가 많이 날 것이고, 굴러떨어지는 돌과 부딪히면 'ㄱ'과 'ㅋ', 'ㄷ' 등의 소리가 많이 날 것입니다. 그리고 뜨거운 용광로에서 녹아 부글부글 끓으면 고유 주파수가 변하면서 'ㅈ'이나 'ㄹ', 'ㅂ' 소리 등이 많이 발생할 것입니다. 그런데 아무리 들어봐도 모음 소리가 들리지는 않습니다.

아마도 입이 따로 없기 때문인 것 같습니다. 물체는 온몸 그 자체가 입일 뿐, 사람처럼 가로로 쭉 나 있는 입을 가지고 있지 않아 소리도 오직 자음만 가지고 있는 것 같습니다. 어쩌면 모음 소리는 이 우주상에 인간만이 구사할 수 있는 참으로 거룩하고도 고독한 유일무이의 능력인지도 모르겠습니다.

성경에는 태초에 말씀이 있었고 그 말씀이 곧 하나님이라고도 하는데요, 태초의 기준점이 우주가 탄생했다고 하는 시점인 150억 년 전인지 지구가 탄생한 46억 년 전쯤인지는 잘 모르겠습니다만, 그러나 적어도 말(언어)은 약 400만 년 전부터 이루어진 인류의 직립보행과 무관하지는 않을 것입니다. 그렇게 약 396만여 년의 시간을 두 다리로만 걷다가 4만 년 전쯤부터 드디어 지혜를 가진 호모 사피엔스라고 하는 현생인류가 나타났다고 합니다. 시대적으로는 최초로 불을 사용하면서 채집과 사냥 활동으로 살았던 구석기 시대가 약 70만 년 전부터 시작되었다고 하니, 호모 사피엔스의 출현은 구석기의 최 말기 단계에 있었던 것으로 보입니다. 그리고 약 1만 년 전쯤부터 농사와 목축을 하면서 정착 생활을 하게 된 신석기 인류로 이어진 것이라고 생각됩니다. 물론 오늘날 살고 있는 우리 인류도 호모 사피엔스라고 합니다.

저는 인류가 직립보행을 하게 되면서 얻어진 두 손이 수많은 도구를 만들어 사용하면서부터 드디어 말(지혜)이 만들어지고 더욱 발달해 왔을 것이라고 생각합니다. '네 발 달린 동물 중에 두 다리로만 중력을 자유자재로 이용할 수 있는 동물이 우리 인간 밖에 또 있겠는가?' 하고 생각해 보면서 말입니다. 그러면 손이라고 하는 이 두 개의 다리가 상징하고 있는 것은 무엇일까요?

사람이나 일반 동물이나 기본적으로 먹고살기 위해 무진장 애쓰는 것은 다 마찬가지일 것입니다. 그런데 소나 개나 돼지나 일반 동물은 풀을 뜯어 먹더라도 입으로, 고기를 뜯어 먹으려고 해도 입으로, 물을 마시려고 해도 오로지 입으로 할 수밖에 없습니다. 소 풀 뜯는 거 본 적 있을 것입니다. 또는 개나 고양이가 숟가락질 대신 혓바닥으로 게걸스럽게 밥 먹는 모습 본 적 있을 것입니다. 이처럼 우리 인간도 두 손이 없어 숟가락을 만들지 못했다면, 냉정히 생각해서 그들과 별반 다르지 않은 모습으로 밥을 먹고 물을 마실 수밖에 없었을 것입니다.

사자나 치타가 무서운 건 발톱과 무시무시한 송곳니 때문입니다. 소가 이들처럼 빛나는 송곳니를 가지고 있었다면 결코 수 천 년 동안 우리 인간과 함께 어울려 살아올 수 없었을 것입니다. 송곳니 없는 드라큘라를 상상할 수 없는 것처럼 말입니다. 만일 우리 인간의 손에 작살은 고사하고 작대기 하나 없다면 한 번 물면 숨통이 끊어질 때까지 놓지 않는 송곳니를 이길 확률은 매우 낮습니다. 우리 인류가 그 송곳니로부터 자유로워질 수 있었던 것은 두 손이 만들어낸 도구 때문입니다.

또한, 인류의 '손'은 '입'을 대신한다고 말씀드려도 과언이 아니라고 생각합니다. 질긴 가죽을 뜯느라 주둥이에 피를 묻힐 필요도 없고, 물을 마시려고 허리를 굽힐 필요도 없습니다. 그저 손이 차려준 음식을 투덜거리며 받아먹기만 하면 되는 것입니다. 입의 할 일이 거의 사라져 버린 것입니다. 일반 동물처럼 입의 할 일이 많았다면, 이가 없으면 잇몸으로 씹을 필요도 없을뿐더러 값비싼 임플란트를 할 필요도 없었을 것입니다. 사자나 소처럼 이빨이 아주아주 튼튼했을 것이기 때문입니다. 이처럼 할 일이 별로 없다는 것은 입의 입장에선 너무도 심심할 수 있는 동시에 또한 새로운 일을 도모할 가능성도 매우 커진 것이라 생각할 수 있습니다.

직립보행이 우리 인류의 입에 여유를 줌으로써 발음기관과 날숨을 능수능란하게 이용하여 말을 할 수 있도록 새로운 일을 도모하게 한 것이라고 한다면, 영장류 중에 가장 작은 골반과 가장 큰 머리를 갖게 하여 누군가의 도움 없이는 홀로 아이를 출산할 수 없게 만들어 생명에 대한 경외감을 뼈저리게 느끼도록 해 준 측면도 있는 것 같습니다.

송아지는 태어나서 얼마 지나지 않아 네 다리로 빨빨거리며 잘도 돌아다닙니다. 개나 고양이의 새끼도 우리 인간의 아이에 비해 오래 걸리지는 않습니다. 그도 그럴 것이 어찌 두 다리로 서기가 만만할 수 있겠습니까? 사다리도 지탱하지 않고서는 세울 수 없으며, 자전거도 속도가 0일 때 오래 지탱하기 어렵습니다. 하물며 축구선수들같이 자유자재로 두 다리를 이용할 수 있기까지는 얼마나 많은 시간이 필요하겠습니까? 아이가 태어나 스스로 살 수 있기까지의 과정이 생명 중에 가장 길 수밖에 없었던 이유일 것입니다. 그런데 이 과정에서 아이는 생각보다 매우 빨리 말을 하려고 안간힘을 씁니다. 걷지도 못하고 제대로 기어 다니지도 못하는데 말부터 하려고 수없이 옹알옹알하는 소리를 냅니다. 언어 능력이 이미 머릿속에 유전화되어 있기 때문에 가능한 일이라고 생각합니다. 참으로 경이로운 일이 아닐 수 없습니다.

저는 아이의 울음소리를 유전학적으로 통제하기 위해 4만 년 전부터 인류가 언어를 발달시켜온 것이 아닌가 하고 생각합니다. 영아가 구체적인 단어를 말하기 전에 혼자 되풀이하며 내는 소리를 옹알이 소리라고 하는데요, 생후 2개월 전후로 시작되는 말을 하기 위한 워밍업 단계라고 합니다. 이렇게 2개월이 지나면서 '아, 에, 이, 오'와 같은 모음과 비슷한 소리를 내기 시작하고, 4~6개월이 지나면서는 혀와 후두 같은 조음기관을 어느 정도 조절할 수 있게 되면서 모음 소리를 더욱 명확하게 내고, 모음에 'ㄷ, ㅁ, ㅂ'과 같은 자음을 결합해 '마, 바, 다'와 같은 소리를 내기 시작한다고 합니다. 7~9개월이 되면 '마마마, 바바바'와 같이 두 음절 이상의 소리를 내고, 부모의 억양이나 입 모양을 흉내 내면서 소리를 구분하고 내는 방법을 익혀간다고 합니다. 그리고 아이마다 차이는 있습니다만, 보통 18~24개월을 기점으로 하여 말문이 눈에 띄게

트이면서 새로운 단어를 익히고 말을 할 수 있게 된다고 합니다. 이 기간에 개와 고양이가 어미를 따라다니면서 살아가는 방법을 익히는 방식과는 사뭇 다르다는 것을 알 수 있습니다.

모음 소리는 아이가 큰 울음소리와 함께 태어나면서 외부의 표적이 될 수 있는 그 소리를 스스로 절제하기 위해 이미 유전적으로 가지고 있는 음성 놀이인 옹알이 소리를 내면서 만들어지는 인간만의 유일한 말소리라고 말씀드릴 수 있을 것입니다.

모음이 없으면 말도 없습니다. 입이 벌어져야만 말을 할 수 있기 때문입니다. 그렇게 모음 소리가 먼저 만들어지고 난 다음, 그 모음 소리에 여러 자음 소리가 결합됨으로써 다양한 언어의 체계가 이루어지는 것입니다. 크게 입을 벌리고 울어대는 그 우렁찬 순간을 지나 아이는 부모와 함께 모음과 자음 소리들을 가지고 놉니다. 그리고 그 말들에 대한 의미를 하나씩 하나씩 알아가면서, 궁극적으로 외부 세계로부터의 독립된 자아를 형성해가는 것이라고 말씀드릴 수 있을 것입니다.

'자아'라는 말, 참으로 어려운 말입니다. 너무 추상적이어서 제 언어 능력으로는 도저히 표현해낼 수가 없습니다. 그래서 네이버 지식백과에 있는 내용을 올려보겠습니다. 다만, '자아'라는 것도 적어도 '언어'가 없이는 결코 이루어질 수 없을 것입니다. '자아(ego)'라는 말 자체도 '언어'이기 때문입니다.

자아란 성격 구조의 이성적인 부분으로써, 원초아의 본능적 욕구, 초

자아의 도덕적이며 양심적인 요구, 그리고 객관적인 현실 세계 간의 갈등을 중재하는 성격의 집행자이다.

자아는 의식과 전의식, 그리고 무의식의 모든 영역에 걸쳐 있다. 자아의 대부분은 의식에 있으며, 방어기제는 자아의 무의식적인 기능에 속한다. 프로이트(S. Freud)에 따르면 갓 태어난 신생아는 원초아 덩어리이며, 자아라고 할 만한 부분이 명확하게 형성되어 있지 않다. 그러나 아동이 외부 세계와의 접촉을 통해 억제와 간섭 등의 다양한 요구에 직면하면 원초아가 수정되면서 자아가 서서히 발달해 나간다. 아동에 대한 외부현실의 영향력이 늘어나는 것에 비례하여 자아도 점차 형성된다. 또한, 동시에 아동의 언어발달이 이루어지고 논리적 사고능력이 생기면서 욕동을 행동으로 표출하지 않고 언어로 우회적으로 표현할 수 있게 된다.

자아는 그 자체의 에너지 원천을 가지고 있지 않으므로 원초아로부터 에너지를 빌려 와야 한다. 주관적 현실만을 알고 즉각적 욕구충족만을 추구하는 원초아와 달리, 자아는 정신적 심상과 현실 세계의 대상을 구분할 수 있으며, 현실원리(reality principle)에 입각하여 욕구충족과 긴장해소를 위한 적합한 대상을 발견할 때까지 심리적 에너지의 방출을 지연시킬 수 있다. 자아는 관찰, 현실검증, 합리적 사고, 인식 등의 기능을 가지고 있다. 유기체의 욕구를 만족시키기 위해 현실 지향적 사고과정으로 작용하고, 반응할 환경의 특성을 검토하여 적절한 것을 선정하며, 욕구를 어떤 방법으로 충족시킬 수 있을지를 합리적으로 판단하는데, 이러한 현실적 사고과정을 이차과정(secondary process)이라고 한다.

자아는 현실감각, 현실검증, 현실적응이라는 세 가지 측면에서 내부세계와 외부현실 사이를 연결한다. 첫째, 현실감각은 영아의 신체적 감각이 증가하면서 동시에 발달한다. 이때 신체 내부에서 느껴지는 것과 신체 외부에서 느껴지는 것을 각각 구분할 수 있는 능력이 중요하다. 둘째, 현실검증은 내면의 환상과 외부현실 간을 구분하는 능력을 뜻한다. 현실검증 능력은 한 개인이 정신병 상태인지를 판단하는 중요한 잣대다. 예를 들어, 꿈속의 내용과 현실에서 일어나고 있는 것을 구분한다거나, 혹은 '나는 대통령이 되고 싶다.'라는 내면의 욕구와 '나는 대통령이다.'라는 실제 현실을 구분하는 것 등이다. 셋째, 현실적응은 과거에 경험했던 것을 바탕으로 새로운 환경변화에 적응해 가는 능력을 뜻한다. 이를 위해서는 충동을 조절할 수 있고, 외부로부터 부여되는 책무를 수행할 수 있어야 한다. 자아가 현실을 적절하게 다루기 위해서는 중립적인 탈성화된(desexualized) 리비도가 필요한데, 이를 승화된 에너지(sublimated energy)라고 부른다. 스스로 수용하기 어려운 원초아의 본능적 욕구 때문에 불안을 느낄 경우, 자아는 다양한 방어기제를 사용하여 불안과 긴장을 해소하고자 한다. 정신분석에서는 건강한 성격을 발달시키는 데 자아의 역할이 핵심적이라고 강조한다.

건강하게 기능하는 자아는 본능적 쾌락을 추구하는 것과 사회적 규범이나 도덕을 위반하지 않는 것 사이에서 적절한 균형을 유지할 수 있다. 잘 발달한, 성숙한 자아를 가진 사람은 스트레스에 직면했을 때 융통성 있게 효과적으로 대처하지만, 자아가 약한 신경증 환자, 정신병 환자, 혹은 성격

장애자는 완고하고 반복적인 방어기제와 병적인 해결방법을 사용함으로써 여러 가지 정신질환을 유발한다.

프로이트는 초기 이론에서 욕동의 원천인 원초아만 강조했으나, 1926년 이후 심리 내적 갈등이 외부현실에서 비롯된다고 생각하면서 현실과 접촉하는 자아에 대해 관심을 갖기 시작하였다. 성격 구조를 설명하는 구조 모형이 점점 정교화되면서 자아의 무의식적인 방어 기능이 임상적으로 중요하다는 것을 깨달았다. 구조모형 안에 자아의 개념이 도입되면서부터 기존 정신분석의 초점도 변화되었다. 즉, 마음을 무의식과 의식으로 이루어졌다고 보던 지형학적 모형에 따르면 정신분석의 초점은 주로 무의식에 억압되어 있던 것을 의식화시키는 데 있었다. 그러나 원초아, 자아, 그리고 초자아의 세 가지 요소로 성격 구조를 설명하는 구조모형이 정립되면서부터 신경증은 자아와 원초아 간의 갈등으로 인해 생겨난다고 이해되었다. 따라서 정신분석의 초점도 건강한 자아를 형성시키는 것으로 옮겨 갔다. (네이버 지식백과, 자아(ego, 自我),『상담학 사전』, 2016. 01. 15., 김춘영, 이수연, 이윤주, 정종진, 최웅용)

갓 태어난 유아는 미분화된 심리 상태로부터 차츰 자아를 발달시킨다. 이 과정에서 자아-원본능 모체는 선천적인 요인들(유전적으로 결정된 중추신경계, 감각 기관 그리고 전체 신체의 성장 유형)과 부모 대상을 중심으로 이루어지는 환경의 경험에 기초해서 발달을 진행한다. 이때 자아는 원시적 충동으로 나타나는 생리적 요구들과 외부 세계의 요구들 사이에 위치한다. 자아는 이 양쪽 모두를 대표하는 내재화된 심리적 기구로서, 개인과 외부 현실 사이를 중재해 준다. 자아는 자기의 신체적, 심리적 요구와 환경(대상을 포함한)의 특성과 태도를 지각하며, 이러한 지각을 평가하고 조정하고 통합하여 외적 요구에 맞추어 내적 요구를 조정한다. 마지막으로, 자아는 요구를 충족시키거나 외부 상황을 수정하는 것을 통해 리비도의 방출을 가져오고, 따라서 긴장 상태로부터 해방을 가져다준다. 자아의 주된 과제는 외부 세계 및 초자아(행동과 도덕적 요구의 기준과 그것을 만족시키지 못할 때 수반되는 위협적인 내적 대표자)와 좋은 관계를 유지하면서 본능적 분투를 적정한 수준에서 만족스럽게 해결하는 것이다. 이 과제를 수행하기 위해서, 자아는 내적이건 외적이건 과도한 자극을 감소시키는 데 필요한 보호 장치를 사용한다. 생리학적으로, 감각 기관들은 특정 자극들만을 받아들이고 다른 강한 자극들은 무시하거나 경감하도록 되어 있다. 이것은 아직 여러 방어가 적절하게 발달되지 않은 유아기에 특히 중요하다(이러한 유아의 생리학적 기제를 보호막 또는 자극 장벽이라고 부른다.). 이 외에도 원본능(원초적 자극, 충동, 생물학적 욕구 등)과 초자아의 갈등적 요구들을 의식적으로 자각하는 것으로부터 보호하기 위해 특정한 방어 기능들이 발달되고 유지된다.

어떤 자아 기능들(예를 들어, 지각, 운동 능력, 의도, 예상, 목적, 계획, 지능, 사고, 언어)은 자아가 심리적 갈등으로부터 비교적 자유로운 환경 안에서 성숙하거나 과도한 갈등 없이 발달해야만 효과적으로 기능할 수 있다. 하트만과 다른 학자들은 그러한 갈등에 사용되는 심리적 에너지가 중성화되면, 그것은 다시금 이후의 자아 발달을 위해 사용할 수 있게 된다고 이론화했다. 자아는 또한 현실 적응의 일부분으로써 대상들과 비교적 안정적인 관계를 맺을 수 있는 역량을 발달시켜야 한다. 특히 본능적 욕구를 충족시켜줄 수 있는 반대 성(?)을 지닌 대상과 관계를 맺는 역량이 필요하다. 개인은 타인들과 애정적이고 친근한 유대를 형성하는 것을 배워야 하며, 이런 유대를 형성하기 위해서는 자아 안에 타인에 대한 적대감이 최소 수준으로 유지되어야 하며, 오랜 기간에 걸쳐 유지되는 대상의 이미지(대상 항상성)가 있어야 한다.

자아를 마치 사람의 모습을 한 집행자 또는 뇌 기능의 일부로 보아서는 안 되며, 그보다는 인간 행동의 기본적 측면에 대한 유용한 사고방식을 나타내는 것으로 보아야 한다. 전통적으로, 자아는 기능들의 집단으로 정의되어 왔는데, 이 기능들은 성장 과정에서 여러 종류의 장애들을 지닐 수 있으며, 정신치료 특히 정신분석적 심리치료를 통해 더 효율적인 것이 될 수 있다.

자아는 여러 가지 기능들을 갖고 있다. 자아의 모든 기능을 효과적으로 사용하는 사람은 거의 없다. 사람들은 어떤 영역에서는 아주 서투르게 기능하지만, 다른 영역에서는 아주 성공적으로 기능한다(부모의 역할을 제대로 수행할 수 없는 야심적이고, 정력적이며, 성공적인 행정관이나 일상생활에서는 어처구니없는 행동을 하는 헌신적인 학자). 더욱이, 장애를 입은 자아로 인해 크게 성공하는 사람들도 있는데, 열광적인 편집증 환자가 자신의 망상적 확신으로부터 오는 열정을 사용하여 수백만 명의 시적

영감을 흔들어 놓는 경우가 그것이다. 현실에의 적응은 자아의 중심적인 기능이지만, 그것은 비정상적인 형태를 띨 수도 있다. 따라서 자아는 전체로서가 아니라 특정한 기능으로 평가되어야 한다. (네이버 지식백과 자아 (ego), 『정신분석 용어사전』, 2002. 08. 10., 미국 정신분석학회, 이재훈)

역시나 어렵게 느껴지기도 하고 생소한 단어들도 보이는데요, 여러 번 반복 집중해서 읽다 보니, '자아'라는 말이 무슨 말인지 조금은 감이 오는 것 같습니다. 그런데요, 이 '한 단어'에 이렇게나 많은 의미가 내포되어 있고, 그리고 심지어는 인간 교육의 궁극적 목적이 바로 '자아'를 실현하는 것이라고 하니, 언어, 즉 말과 문자의 힘이란 도대체 어디까지 파생 작동되는 것인지 저는 도저히 가늠할 수가 없습니다.

뜬금없지만, AI 시대가 도래하고 있다고 합니다. 6년 전 알파고와 이세돌의 대결은 알파고의 4대 1 승리로 끝났습니다. 그러나 우리에겐 이세돌 기사의 1승이 더 위대하게 다가왔던 것 같습니다. 지금은 솔직히 속된 말로 게임도 안 됩니다. 알파고에게 줄 서서 지도대국을 받는 처지입니다. 왠지 모르게 좀 서글프고 두려운 느낌이 드는 건 저뿐만은 아닐 것입니다. 하긴 지금은 기자보다도 기사를 더 잘 쓸 수도 있고, 얼마 전엔 베토벤이 완성하지 못한 10번 교향곡을 완성하는 데도 인공지능의 역할이 절대적으로 중요했다고 하니, 머잖아 아니 너무도 머잖아, 7년 전 자아를 찾고자 했던 '채피'가 스크린 밖으로 휙 뛰쳐나올 것만 같습니다.

두 다리로 400만 년을 걸어왔습니다. 그리고 수십만 년의 선사시대를 통과하며 4만 년 전 드디어 말소리를 옹알거리기 시작했습니다. 그 뒤로 3만5천 년의 시간이 더 흐르고 흘러 문자가 만들어지면서 5천 년의 역사시대가 펼쳐진 것입니다.

그런데 소, 돼지, 양, 염소, 그리고 개 등을 기르기 시작한 것은 문자가 만들어진 것보다 더 오래되었다고 합니다. 농사를 짓고 가축을 기르며 수많은 사람이 모여 살게 되다 보니, 내 것 네 것 다툴 일이 한두 가지가 아니었을 것입니다. 그래서 내 것과 네 것이 다르다는 것을 분명하게 구별 짓기 위해 표시해야 할 필요성이 높아졌을 것입니다. 점을 찍든 그림을 그리든 해서 말입니다. 물론 이런 표시도 너무 많아지다 보면 비슷비슷해져서 오히려 혼란을 가져올 수도 있기 때문에, 그런 불편함을 없애기 위해 서로 약속되고 통일된 기호체계가 필요하게 된 것이 아닌가 하고 생각해 봅니다. (하도 오래되어서 누가 문자를 만들고 누가 숫자를 만들었는지 전혀 알 수 없습니다. 그나마 곧 600세가 되어가시는 훈민정음만 누가 언제 왜 만들었는지 정확하게 알 수 있습니다.)

아무튼, 바둑의 역사도 길게는 수천 년에 이른다고 합니다. 알파고의 나이가 몇 살인지는 잘 모르겠습니다만, 적어도 수천 년 아니 참으로 아득하게 먼 시간으로부터 유전되어 이룩해 온 지금 이 순간이, 너무도 너무도 빠르게 가속되어 변화해 가고 있다는 사실 만큼은 부정할 수 없을 것입니다. 29대 대통령 선거 TV 토론에 '채피'가 나오지 말라는 법도 없습니다.

제가 '한글'에 대해 생각하기 시작한 것은 20대 중 후반부터인 것 같습니다. '나'란 존재가 무엇인지 너무도 알고 싶었던 것 같습니다. 이것도 어찌 보면 자아를 찾아가는 과정의 하나라고 말씀드릴 수 있을지 모르겠습니다만, 당시엔 진짜 알고 싶은 게 너무도 많았던 것 같습니다. 그런데 제가 생각하고 말하고 쓸 수 있는 것이 오직 한국말과 한글뿐이었기 때문에, '그러고 보니, 진짜 한글이 뭐지?' 하고 생각하게 된 것입니다. 대학 가기 위해 모나미 볼펜으로 연습장에 휘갈긴 영어 단어가 숱합니다만, 거의 다 잊어버렸습니다. 한자도 '하늘 천 따 지'에서 천자만 기억날 뿐입니다. 물론 하나도 아깝지 않습니다.

데카르트의 제1명제가 "나는 생각한다. 고로 나는 존재한다."라고 합니다. 당시엔 저도 많은 생각을 했던 것 같습니다. '내가 무엇인가?'를 알고 싶어서 말입니다. 그런데 머릿속에 아무리 생각을 휘갈겨 쓰고, 서점에서 이 책 저 책 골라 읽어 봐도, 결국은 다 우리말과 우리 글자였던 것입니다. 데카르트야 뭐 프랑스 사람이라고 하니 당연히 프랑스 말과 글자를 이용해 생각을 했겠지만 말입니다.

'훈민정음'이란 '백성을 가르치는 바른 소리'라고 합니다. 그래서 '소리'라는 것이 무엇인지 알고 싶었습니다. 그래야 말소리가 무엇인지 알 수 있을 것 같아서 말입니다. 물론 당시엔 이 외에도 기본적으로 '사는 게 뭔지.'에서부터 '왜 사람만 웃는지.' 그리고 '왜 사람만 기도를 하는지.' 그리고 '숫자라는 것은 무엇인지.' 하는 등등의 물음에 대한 궁금증들이 매우 증폭되고 있던 것 같습니다.

그러나 안타깝게도 시간이 꽤 흘러 지천명이라고 하는 나이 50이 지나고 있음에도, 여전히 제 생각은 오류의 범주에서 한 치도 벗어나지 못하고 있는 것 같습니다. 논리적 오류의 범주가 300개도 넘는다고 하는데요, '흑백논리의 오류' '인신공격 의 오류', '힘에 호소하는 오류', '의도 확대의 오류', '논리적 비약의 오류', '원칙 혼동, 원칙 봉쇄의 오류', '성급한 일반화의 오류', '순환 논증의 오류', '대중 감정에 호소하는 오류', '논점 일탈의 오류', '동정심에 호소하는 오류', '무지에 호소하는 오류', '인과적 오류', '발생학적 오류', '결합, 분해의 오류', '모호성의 오류', '은밀한 제 정의의 오류', '매듭 자르기의 오류', '도 박사의 오류' 등 전혀 들도 보도 못한 오류들도 있다고 합니다. 이 정도면 아무리 생각해도, 제 머릿속에서 말이 완전히 삭제된 다음에야 비로소 '오류'에서 벗어날 수 있을 것 같습니다. 지금도, 한글에 대해 말씀드리기 전에 너무 많은 말을 해버린 일종의 '말의 과욕의 오류'를 범하고 있는 것은 아닌가 하고 생각해 봅니다. 죄송합니다. 이제부터 한글에 대해 말씀드리겠습니다.

'한글'을 아시나요? (모음)

한글은 세종대왕께서 수많은 우여곡절 끝에 드디어 1443년 훈민정음이란 이름으로 창제하신 우리나라의 고유 문자입니다.

'중국 말과 달라도 너무 달라 백성들이 말하고자 하는 것이 있어도 그 뜻을 글로 써서 표현하기가 너무도 어려우니 그저 안타깝고 가엾은 마음에 새로 스물여덟 자를 만들었으니 백성 누구나 쉽게 익혀서 날마다 쓰면 서로 편하지 않겠는가?' 하는 세종대왕의 애민 정신에서 비롯된 글자가 바로 한글입니다.

한글은 홀소리(모음) 11자에 닿소리(자음) 17자를 더해 총 28자로 만들어진 글자입니다. 또한, 바람 소리나 학 울음소리 닭 우는 소리나 개 짖는 소리까지도 적을 수 있도록, 즉 자연의 모든 소리를 다 적을 수 있도록 만들어진 소리글자입니다. 훈민정음 해례본에도 '소리에 따라 글자를 만드니 만물의 뜻이 통한다.'라고 나와 있다고 합니다. (물론, 진짜로 모든 소리를 다 적을 수 있는 지는…, 저도 솔직히 잘 모르겠습니다.)

　모음 11자는 붓으로 콕 찍은 점으로 표현된 아래 아(·)와 세로 선으로 그려진 이(ㅣ) 그리고 가로 선으로 그려진 으(ㅡ) 모음을 기본으로 하여, 세로 선과 가로 선의 상하좌우에 '아래 아'라고 하는 점(·)을 하나 또는 두 개를 찍어 아(ㅏ), 야(ㅑ), 어(ㅓ), 여(ㅕ), 오(ㅗ), 요(ㅛ), 우(ㅜ), 유(ㅠ)의 8개 모음을 더해 만든 기호입니다.

　기본 모음 아래 아(·)와 가로 선 으(ㅡ) 그리고 세로 선 이(ㅣ)는 훈민정음 해례본에서 하늘(·)과 땅(ㅡ) 그리고 사람(ㅣ)의 형상을 본뜬 것이라고 말하고 있습니다. 물론 당시 성리학적 세계관 속에서 존화주의와 중화사상이 팽배해 있던 집현전 학자들의 입장에선 그렇게 다소 형이상학적으로 본뜬 것이라고 이야기하는 것이 일면 타당한 말씀이라고 생각됩니다. 다만 한 가지 걸리는 것이 있다면, 발음기관을 본떠 만든 글자가 바로 한글이라고 했기 때문에, 그래서 자음이 혀가 구부러진 모양을 본 뜨거나 입술 모양을 본떠 만든 기호라고 한다면, 당연히 모음도 발음기관을 본떠 만든 기호라고 충분히 생각해 볼 수 있지 않을까요?

　인간의 말소리는 기본적으로 날숨과 발음기관의 여러 운동으로 만들어지는 소리입니다. 그리고 모든 말소리는 초성(자음) 중성(모음), 또는 초성(자음) 중성(모음) 종성(자음)의 소리 구조를 이루면서 만들어집니다. '한글'이란 단어를 풀어쓰면 'ㅎ+ㅏ+ㄴ, ㄱ+ㅡ+ㄹ'과 같은 구조로 이루어져 있다는 것을 알 수 있고, '아이'라는 말을 풀어써도 'ㅇ(이응)+

ㅏ, ㅇ(이웅)+ㅣ'로 이루어진 글자라는 것을 알 수 있는 것처럼 말입니다.

모음은 입이 벌어진 상태에서 날숨이 입 밖으로 자연스럽게 흘러나오면서 만들어지는 소리입니다. 입술이 닫혀 있는 상태에선 공기가 코로만 빠져나오기 때문에 코맹맹이 소리밖에 낼 수가 없습니다. 그런데 이때 벌어진 입 밖으로 빠져나오는 아주아주 연한 공기 소리가 바로 후음 ㅇ(이웅)입니다. 너무 연해서 아무것도 닿지 않고 나오는 것처럼 느껴지지만, 폐에서부터 좁디좁은 성대를 울리며 지나 목젖을 끊임없이 건드리며 입 밖으로 빠져나올 때까지 아주아주 연한 수많은 마찰이 이루어지면서 만들어지는 닿소리가 바로 목구멍소리 ㅇ(이웅)인 것입니다. 참고로 ㅇ(이웅) 소리는 초성에만 쓰이는 닿소리 후음이며, 꼭지가 달린 ㆁ(이응)은 코 안에서 대부분 울리면서 종성에만 쓰일 수 있는 닿소리 아음(어금닛소리)입니다. 전혀 다른 소리이기 때문에 구분하여 사용하는 것이 더욱 논리적으로 맞다고 생각합니다.

모음 소리는 입이 벌어진 상태에서 날숨이 입 밖으로 자연스럽게 빠져나올 때 만들어지는 소리라고 했는데, 그렇다면 모음 소리는 입이 벌어지는 모양에 따라 결정되는 소리라고 판단해 볼 수 있을 것입니다. 물론 혀의 움직임이나 턱관절의 움직임에 의해서도 영향을 받는 부분이 있습니다만, 입이 벌어지는 능동적 운동으로 혀와 턱의 움직임이 종속 수동적으로 진행되는 측면이 있기 때문에, 모음 소리는 입이 벌어지고 모아지고 내밀어지고 하는 등의 활발한 운동을 통해 만들어진 입술의 모양에 따라 결정되는 소리라고 생각해 볼 수 있을 것입니다.

아래 그림에서 보듯 인간의 입은 기본적으로 가로로 나 있습니다. 이 가로로 난 입이 상하좌우의 운동을 통해 여러 가지 모양으로 벌어지게 되고 그 벌어진 입 사이로 날숨이 빠져나오면서 여러 모음 소리가 만들어지는 것입니다.

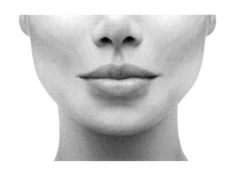

입을 상하로 크게 벌린 상태에서 소리를 내면 오직 '아' 소리밖에 낼 수 없습니다. 그 모양의 상태로 다른 소리를 내려고 해도 결코 낼 수 없습니다. 입술을 작고 동그랗게 오므린 상태에선 '오' 소리 이외의 다른 소리를 낼 수 없으며, 마찬가지로 입술을 동그랗게 모아 앞으로 쭉 내민 상태에선 당연히 '우' 소리밖에 낼 수 없습니다. 다른 모음들도 다 마찬가지로 그 입 모양 상태에선 오직 그 모음 소리밖에 낼 수 없습니다.

말소리가 입 모양을 결정하는 것이 아니라 입 모양이 말소리를 결정하는 것이라고 말씀드릴 수 있을 것입니다. '아' 소리를 최대한 길게 소리 내면서 동시에 입의 모양을 변화시켜 보세요. 그러면 입이 변화하는 모양에 따라 '아' 소리가 점점 다른 모음 소리로 변화한다는 것을 알 수 있습니다.

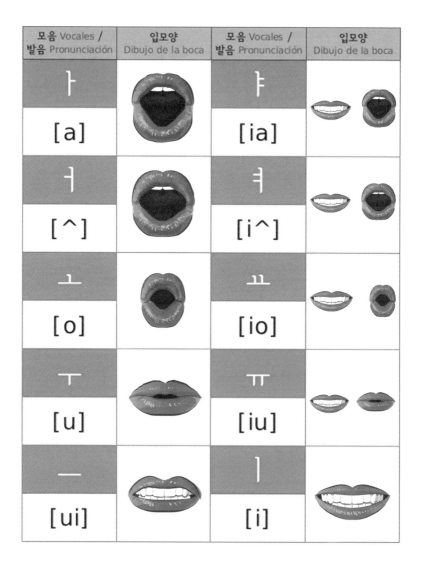

모음 Vocales / 발음 Pronunciación	입모양 Dibujo de la boca	모음 Vocales / 발음 Pronunciación	입모양 Dibujo de la boca
ㅏ [a]		ㅑ [ia]	
ㅓ [^]		ㅕ [i^]	
ㅗ [o]		ㅛ [io]	
ㅜ [u]		ㅠ [iu]	
ㅡ [ui]		ㅣ [i]	

위 그림에서 가로로 살짝 벌어진 입과 세로로 가장 크게 벌어진 입을 겹쳐서 x좌표와 y좌표를 그려보면 그 두 좌표가 만나 는 원점에 목젖이 위치한다는 것을 발견할 수 있습니다. 마치 입 한가운데 가부좌를

틀고 앉아 입 밖으로 나오는 공기를 맞으며 참선을 하고 계시는 부처님을 닮기도 한 것 같습니다. 물방울이 호수에 떨어지면 파동이 생겨 물결이 퍼져나가게 되는데 이때 물방울이 떨어진 곳을 파원이라고 합니다. 바로 이곳에서 부처님의 불경 소리가 나지막이 울려 나오는 듯합니다.

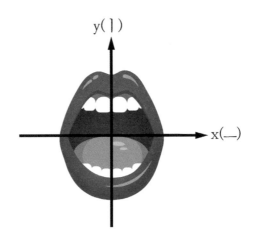

여기서 x좌표를 입이 좌우로 운동하는 성질을 나타내는 선(ㅡ)이라고 하고, y좌표를 입이 세로로 움직이는 성질을 나타내는 선(ㅣ)이라고 말씀드릴 수 있을 것입니다. 그리고 그 한가운데 입천장 아래로 붓으로 찍은 점같이 매달려 있는 목젖을 아래아(·)라고 말씀드릴 수 있을 것입니다.

손가락으로 입천장을 이빨 쪽에서부터 목구멍 안쪽으로 서서히 눌러보세요. 그러면 입천장이 딱딱하다가 안으로 들어갈수록 점점 연해진다는 것을 알 수 있는데, 그 경계선을 두고 앞부분을 경구개 뒷부분을 연구개라고 합니다. 경구개와 연구개가 만나는 지점은 어금니 윗부분의 입천장이라고 할 수 있는데, 자음 중에 어금닛소리라고 하는 'ㄱ, ㅋ, ㆁ' 소리를 만들어내는 기준점이 되기도 합니다. 암튼 목젖은 연구개의 맨 끝부분에 매달려 있는 말랑말랑한 작은 살덩어리입니다.

그러고 보면 살아오면서 목젖이란 게 뭐 하는 것인지 거의 생각해 보지 않았던 것 같습니다. 입 안에 늘 있긴 한 데 잘 보이 지도 않고요, 크게 하품할 때나 잠깐 보일 듯한데 그마저도 창피하다고 손바닥으로 가려버리니, 마주칠 일이 거의 없었던 것 같습니다. 그나마 칫솔로 혓바닥 닦다가 헛구역질 나올 때나 아주 잠깐 그의 존재를 느끼곤 했던 것 같습니다.

네이버 검색창에 '목젖의 기능'이라고 적고 검색해 보았습니다. 많은 내용들이 올라와 있는데, 그중에 목젖에 대한 흥미로운 내용이 있어 잠시 살펴보겠습니다.

이스라엘 하샤론 병원의 연구진에 따르면 "목젖이 언어 능력의 부속 기관일 가능성이 있다. 그리고 인간을 다른 포유류와 구별하는 인간 진화의 또 다른 표지자 일 수도 있다"라고 말합니다. 물론 목젖이 없어도 말하는데 별지장이 없기 때문에 언어기능과는 별 상관없다고 말하는 사람들도 있습니다만, 저는 목젖이 언어 활동에 매우 중요한 역할을 한다고 생각합니다.

「KBS 역사스페셜- 소리 문자 훈민정음 어떻게 만들어졌나?」라는 프로그램 내용 중에 동영상을 통해 발음기관의 움직이는 모양을 촬영하는 장면이 나옵니다. 'ㄱ' 소리를 낼 때의 움직임을 촬영하는 장면을 자세히 살펴보면, 아까 위에서 말씀드린 연구개 부분이 수직으로 꺾여 올라가면서 날숨이 콧구멍으로 빠져나가지 못하도록 비강으로 연결된 구멍을 꽉 틀어막고, 동시에 어금니 부분의 두꺼운 혓살이 경구개와 연구개가 만나는 지점을 마찬가지로 수직으로 올려 막아줌으로써 날숨이 입 밖으로 빠져나오는 것을 순간적으로 차단한다는 것을 알 수 있습니다. 'ㄴ' 소리를 낼 때도 'ㄱ' 소리를 낼 때처럼 연구개가 수직으로 꺾여 올라가면서 날숨이 비강으로 연결된 구멍을 막는다는 것을 알 수 있는데, 좀 더 자세히 살펴보면 'ㄱ' 소리를 낼 때보다는 아주 살짝 덜 막는다는 것을 알 수 있습니다. 다시 말씀드려 'ㄱ' 소리 낼 때는 입이든 코든 공기가 아예 하나도 빠져나가지 못하도록 모든 구멍을 꽉 막는 것이라고 한다면, 'ㄴ' 소리 낼 때는 약간의 공기가 비강으로 빠져나갈 수 있도록 연구개가 구멍을 아주 살짝 열어둔다고 말씀드릴 수 있습니다. 'ㄴ' 소리에 비음 성분이 섞여 들리는 이유라고도 말씀드릴 수 있습니다.

동영상에는 'ㄱ'과 'ㄴ' 소리를 낼 때의 발음기관이 움직이는 모습만 촬영되어 나오는데, 아마도 다른 자음 소리를 낼 때도 연구개가 위로 꺾여 올라가면서 비강으로 연결된 구멍을 막는 운동을 할 것이라고 판

단됩니다.

그런데 모음 소리를 낼 때는 연구개가 위로 올라가지 않습니다. 그냥 그 위치에 그대로 있을 뿐입니다. 입을 크게 벌려 "아…." 하고 소리를 내보세요. 그러면 목젖이 그냥 그대로 그 자리에서 날숨에 의해 바르르 떨고 있다는 것을 확인할 수 있을 것입니다. 자음 소리를 낼 때처럼 연구개가 위로 확 꺾여 올라가 버리면 눈 씻고 쳐다봐도 목젖은 잘 보이지 않을 것입니다.

그러면 목젖이 달려 있는 연구개는 왜 자음 소리를 발음할 때 비강으로 나 있는 구멍을 막았다 열었다 하는 운동을 하는 것일까요? 그것은 아무래도 평상시 말을 할 때 좁은 성대를 빠져나오는 날숨의 양이 워낙 적기 때문에 날숨이 코로 빠져나가 는 것을 방지해야만 날숨을 이용하여 더욱 효과적으로 다양한 소리를 낼 수 있기 때문이라고 생각해 볼 수 있을 것입니다. 'ㄴ'과 'ㅁ' 소리에 비음이 섞여 들리는 것은 'ㄷ, ㅌ'이나 'ㅂ, ㅍ' 소리를 발음할 때 더 적은 양의 날숨으로 가볍고 부드럽게 발음할 수 있고, 그때 남은 약간의 나머지 날숨을 비강으로 올려보내 울리기 때문인데, 이처럼 목젖과 연구개는 비강으로 연결된 구멍의 크기를 조절하여 말할 때 필요한 날숨을 최대한 적절하게 사용할 수 있도록 도와주는 역할을 하는 발음기관이라고 말씀드릴 수 있을 것입니다.

물론 비음이 가장 많이 나는 소리는 당연히 콧소리 ㅇ(이응)입니다. 이 ㅇ(이응) 소리는 어금니 부분의 두꺼운 혓살과 연구 개의 목젖이 만나면서 날숨의 일부분만 입으로 빠져나오게 함과 동시에 그 날숨의 대부분을 위로 올려보내 비강을 울리기 때문에 만들어지는 소리입니다. 'ㄱ' 소리와 발음기관의 움직임이 비슷한 측면이 있는데, 검지를 입 안에 깊이 넣은 상태로 '악 또는 억, 윽' 소리를 내어보면 어금니 부분의 윗 혓살이 경구개와 연구개의 경계점 부분의 손가락을 꽉 문다는 사실을 알 수 있습니다. 마찬가지로 '앙 또는 엉, 응' 소리를 내어보세요. 그러면 'ㄱ' 소리를 낼 때와 거의 같은 위치에서 두꺼운 혓살이 손가락을 살살 문다는 것을 알 수 있습니다.

　ㅇ(이응) 소리는 혀의 움직임이 'ㄱ' 소리를 낼 때와 유사하기 때문에 어금니 소리로 분류는 되어 있지만, 'ㄱ' 소리와는 전혀 다른 소리입니다. 'ㄱ' 소리는 날숨을 순간적으로 완전히 차단하면서 만들어지는 소리이고, ㅇ(이응) 소리는 날숨의 많은 양을 비강로 올려보내 울리면서 만들어지는 소리이기 때문입니다. 또한, 이 ㅇ(이응) 소리는 목구멍에서 나오는 공기 소리 후음 ㅇ(이웅)과도 전혀 다른 소리입니다. 날숨이 폐에서 성대를 통과해 목젖 부분까지 나오는 것은 ㅇ(이웅)이나 ㅇ(이응) 둘 다 똑같습니다만, 그 갈림길에서 혀와 목젖을 포함한 연구개의 상호작용으로 입 쪽으로 자연스럽게 흘러나오면 ㅇ(이웅) 소리가 되는 것이고 비강 쪽으로 올라가 울리면 ㅇ(이응) 소리가 되는 것입니다.

　이처럼 목젖은 연구개와 함께 언어 활동을 하는데 직접적으로 늘 작용을 하는 것이기 때문에 당연히 발음기관의 일부라고 말씀드릴 수 있는 것입니다. 물론 포도알처럼 생긴 목젖을 잘라낸다고 해도 말하는 데 큰 지장이 없을 수도 있습니다. 연구개 맨 끝부분의 작은 알갱이를

떼어낸 것에 불과하기 때문입니다. 그런데 코골이나 수면 무호흡증을 줄이기 위해 목젖 제거 수술을 받은 일부 사람들에게서는 목소리의 비음을 포함한 언어의 변화가 일어나는 경우도 종종 있다고는 합니다. 위의 내용을 종합해 다시 한번 말씀드리면, 목젖은 분명 발음기관의 일부입니다. 그리고 목젖은 모음 소리를 발음할 때는 움직이지 않습니다. "아…." 하고 모음 소리를 아무리 길게 쭉 내어보아도 목젖은 입 한가운데 위치하면서 입 밖으로 나오 는 날숨에 의해 바르르르 떨며 울리고 있을 뿐입니다. 즉 목젖은 x축의 가로선(一)과 y축의 세로선(|)이 만나는 교차점에 항상 존재하면서 모든 모음 소리에 영향을 받는 보일 듯 말 듯한 발음기관의 하나인 것입니다.

입은 가로로 나 있습니다. 이 가로로 난 입이 상하좌우의 운동을 하면서 여러 모음 소리를 만들어냅니다. 세로 선(|)에 점을 하나씩 좌우로 붙이면 'ㅓ'와 'ㅏ'라고 하는 기호가 만들어집니다. 그리고 가로 선(一)의 위아래로 점을 하나씩 붙이면 'ㅗ'와 'ㅜ'라는 기호가 만들어집니다. 각각의 모음 기호들을 소리 내어 말할 때 입 모양의 크기나 형태가 다 다르기는 합니다만, 기본적으로 '아(ㅏ)'와 '어(ㅓ)' 소리를 낼 때는 입술이 상하로 움직인다는 사실을 알 수 있으며, '오(ㅗ)'와 '우(ㅜ)' 소리를 낼 때는 입술이 가로축 선상으로 모이는 운동을 한다는 사실을 알 수 있습니다. 따라서 세로 선(|)은 입술이 상하로 움직이는 성질을 나타낸 기호이며, 가로 선(一)은 입술이 좌우로 움직이는 성질을 나타낸 기호라고 말씀드릴 수 있을 것입니다. 그리고 가로 선(一)과 세로 선(|)이 만

나는 원점에서 아이처럼 수줍게 떨고 있는 목젖을 나타낸 기호가 바로 아래 아(·)라고 말씀드릴 수 있을 것입니다.

'아(ㅏ)'와 '오(ㅗ)' 모음을 양성모음, '어(ㅓ)'와 '우(ㅜ)' 모음을 음성모음이라고 하는데, 양성모음 소리가 음성모음 소리에 비해 더 크고 밝은 소리가 난다고 합니다. 그렇다면 양성모음 소리를 낼 때가 음성모음 소리 낼 때보다도 당연히 목젖도 더 많이 떨릴 수밖에 없을 것입니다. 그래서 목젖을 닮은 점(·)을 입술의 상하운동을 나타낸 세로 선(ㅣ)의 오른쪽과 입술의 좌우 운동을 나타낸 가로 선(ㅡ)의 위쪽에 하나씩 붙여 'ㅏ'와 'ㅗ'라는 모음 기호를 만든 것이라고 생각해 볼 수 있는 것입니다. 오른쪽과 위쪽에 붙인 이유에 대해선 굳이 말씀드리지 않아도 잘 아실 것이라고 생각합니다. 어렸을 때 왼손으로 숟가락질을 했다간 홀딱 벗겨 쫓겨날 일이었습니다.

모음 11자 중에 '야(ㅑ), 여(ㅕ), 요(ㅛ), 유(ㅠ)' 모음을 이중모음이라고 하는데, 말 그대로 서로 다른 모음 두 개가 연속해서 일어나는 소리를 말합니다. 즉, 입 모양이 연속적으로 두 번 변하면서 만들어지는 소리입니다. 모음 소리가 두 번 나는 것이기 때문에 당연히 목젖도 두 번 떨린다고 말씀드릴 수 있습니다. 따라서 세로 선(ㅣ)과 가로 선(ㅡ)에 점을 두 개씩 붙여 만든 기호라고 생각해 볼 수 있습니다.

야(ㅑ) 소리는 이(ㅣ) 소리와 아(ㅏ) 소리를 연속하며 순간적으로 낼 때 만들어지는 소리입니다. 그리고 여(ㅕ) 소리는 이(ㅣ) 소리와 어(ㅓ) 소리를 함께 거의 동시에 발음할 때 만들어지는 소리입니다. 또한, 그와 같은 방식으로 요(ㅛ) 소리는 이(ㅣ)와 오(ㅗ) 소리가 어울려 나는 소리이고, 유(ㅠ) 소리는 이(ㅣ)와 우(ㅜ) 소리가 결합해 나는 소리입니다. 간략히 'ㅑ=ㅣ+ㅏ', 'ㅕ=ㅣ+ㅓ', 'ㅛ=ㅣ+ㅗ', 'ㅠ=ㅣ+ㅜ'와 같이 도식화할 수 있는데, 중성모음이라고 하는 이(ㅣ) 소리에 각각의 단모음 소리가 결합된 형태입니다. 도무지 알아차릴 수 없을 정도로 너무 순식간에 일어나는 일이라 이(ㅣ) 소리를 무심코 흘려보낼 뿐입니다.

　이중모음은 단모음 소리를 낼 때보다는 아무래도 좀 불편합니다. 입의 모양을 변화시키며 발음해야 하기 때문인데 그만큼 에너지의 소비도 증가하고 날숨의 소비도 더 늘어 날 수밖에 없을 것입니다. 'ㅏ' 소리는 'ㅇ(이응)+ㅏ'로 이루어진 소리입니다. '먼저 입을 상하로 크게 벌린 상태에서 좁은 성대를 통과해 나오는 날숨이 목젖을 한 번 울리면서 자연스럽게 입 밖으로 빠져나올 때 나는 소리'라고 설명드릴 수 있습니다. 그리고 'ㅑ' 소리는 'ㅇ(이응)+ㅣ+ㅇ(이응)+ㅏ'로 이루어진 소리입니다. 'ㅣ' 소리를 먼저 내고 거의 동시에 'ㅏ' 소리를 내어 만든 소리입니다. 느끼기가 매우 어렵지만 분명 날숨이 두 번 끊어져 나온다는 것을 알 수 있습니다. 따라서 목젖도 두 번 울리는 것이기 때문에 목젖을 닮은 점을 두 개 찍어 만든 것이라고 생각합니다. 위 도식에서도 살펴볼 수 있듯 이중모음을 만들 때 'ㅣ' 기호에 각각의 단모음들을 나열(병서)하는 방식으로 쓰지 않고 점(ㆍ)을 하나씩 더 추가해 만들었다는 사실을 알 수 있습니다.

　한글 모음은 점(ㆍ) 가로선(ㅡ) 세로선(ㅣ)을 기본 모음으로 하고 있습니다. 이 세 개의 기호가 어떤 의미들을 가지고 있는지 더욱 명확하게 알아야만 한글의 전체 체계를 논리적으로 설명할 수 있을 것입니다.

한글은 소리에 따라 만든 글자라서 만물의 소리를 다 적을 수 있다고 했습니다. 그런데 말소리는 오직 '입'에서만 날 뿐입니다. 입에서 나오는 말소리에 따라 만든 글자가 한글인 것입니다. 그래서 자음이 발음기관의 모양을 본떠 만든 것처럼 당연히 모음도 발음기관의 모양을 본떠 만든 글자라고 생각해 볼 수 있는 것입니다.

점(·)은 말할 때 나오는 날숨에 의해 떨리는 목젖의 모양을 본떠 만든 기호라고 추론해 볼 수 있습니다. 단순히 시각적으로만 봐도 구강구조 내의 여러 발음기관 중에 목젖을 가장 닮았습니다. 붓으로 살짝 찍으면 아주 똑같습니다. 이 점(·)을 '아래 아'라고 합니다. 입을 크게 벌려 '아~' 소리를 낼 때 가장 잘 보이는 것이 입천장 아래로 달려 있는 목젖이기 때문에 큰 '아' 소리보다 작은 '아래 아'라고 표현한 것 같습니다. '큰 아'-'작은 아', '위 아'-'아래 아', '어른 아'-'아이 아'와 같이 대응하여 표현해 볼 수도 있을 것 같습니다.

그런데 아래 아(·)의 고유 음가는 무엇인가요? 여전히 많은 논란이 있는 것 같습니다. 물론 저도 잘 모르겠습니다. 다만 큰 '아' 소리보다는 작고 뭔가 여리여리하면서도 아래에 있는 듯한 그런 느낌의 '아' 소리일 것이라고 짐작해 볼 수는 있을 것 같습니다.

짐작한 바대로 생각을 좀 더 이어가 보겠습니다. '아래 아' 소리를 찾지 못하면 아무것도 이해할 수 없을 것 같아서 말입니다. 일단 큰 위 '아' 소리보다는 작고 아래에 있는 듯한 느낌의 소리라고 했으니, 입 모양도 그보다는 작아져야 합니다. 그렇게 점점 입이 작아지면 '아' 소리도 점점 변합니다. '아~' 소리를 숨이 멎을 때까지 계속 내면서 입을 점점 작아지게 했다가 또 점점 커지게도 했다가 다시 또 점점 작아지게 하면서 아주 살짝 '어'나 '오'나 '으' 소리가 날 듯 말 듯하면서 소리를 계속 이래저래 내다보면, 어느 순간 '아래 아' 소리에 가장 가까운 소리가 들릴지도 모르겠습니다.

입을 최대한 크게 벌려서 소리 내면 '아' 소리밖에 안 납니다. 입을 그보다 좀 작고 둥그렇게 벌리고 턱을 아래로 당기면서 소리 내면 정확하게 '어' 소리밖에 낼 수 없습니다. 입을 가로축으로 작게 모아 오므리면 '오' 소리만 똑 부러지게 나옵니다. 마찬가지로 입을 가로축으로 모아 앞으로 쭉 내밀면서 소리 내면 '우' 소리만 명확히 들립니다. 그리고 입술을 가만히 붙인 상태에서 살짝 옆으로 벌린 듯하여 주로 아래 이빨만 보이도록 아랫입술을 밑으로 내려 아주 얇은 타원형 모양으로 소리를 내면 나지막이 '으' 소리가 난다는 것을 알 수 있습니다. 마지막으로 입꼬리를 상하좌우로 동시에 벌려 위아래 이가 다 드러나도록 큰 타원형 모양으로 소리를 내면 꽤 높직하게 진폭이 큰 '이' 소리가 아주 잘 만들어진다는 것을 알 수 있습니다. 그렇다면 적어도 여리여리한 이 '아래 아' 소리는 이런 똑 부러진 입 모양 상태로는 결코 소리 낼 수 없다는 것을 알 수 있습니다. 따라서 '아래 아' 소리는 이러한 여러 입 모양의 어느 중간 부분쯤에서 나는 소리라고 생각해 볼 수 있을 것입니다.

양쪽 귀를 꽉 틀어막고 입을 가장 크게 벌린 상태에서 '아~' 소리를 내면서 입술을 점점 작아지게 해보세요. 그러면 '아' 소리가 완전히 사라져버릴 듯한 그야말로 긴가민가한 순간의 입 모양 상태가 적어도 한 번은 존재한다는 사실을 어렴풋이나마 느낄 수 있을 것입니다. 그런데 이토록 민감한 입 모양 상태는 아주 조금만 변화해도 변화하는 방향으로 소리 성분이 증가한다는 것을 말해주는 것이기도 합니다. 저는 개인적으로 이 아슬아슬한 입 모양 상태에서 나는 소리가 바로 '아래 아' 소리라고 생각합니다.

'아래 아' 소리는 제주도 방언에서 잘 나타난다고 하는데요, 그 소리를 낼 때의 입 모양이 'ㅓ'와 'ㅗ' 소리를 낼 때의 중간쯤 입 모양이라고 합니다. 입술을 위아래로 작고 둥그렇게 벌리면서 동시에 아주 약간 오므린 듯한 상태의 입 모양이라고 할 수 있습니다. 그렇다면 '아래 아(ㆍ)' 소리는 입이 세로 축(ㅣ)으로 움직이는 성질과 가로 축(ㅡ)으로 움직이는 성질을 함께 작용하여 내는 소리라고 말씀드릴 수 있습니다.

가로로 난 입술을 살며시 상하로 벌려 작고 둥그렇게 만든 다음 살짝 오므려 보세요. 그러고 나서 그 입 모양 상태로 소리를 내어보세요. 그러면 어떤 소리가 들리시나요? 아마도 정확한 '아' 소리도 아니고 '어' 소리도 아니고 그렇다고 똑부러진 '오' 소리도 아닌, 즉 '아'와 '어'와 '오' 등의 모음 소리가 섞여 들린다는 것을 어렴풋하게 느낄 수 있을 것입니다. 저는 이 소리가 '아래 아'의 '고유 음가'일 것이라고 생각합니다. 아주 미세하긴 합니다만, 한 가지 입 모양으로 여러 모음 소리를 어우러지게 할 수 있는 소리가 '아래 아'의 고유 소리가 아닐까 하고 생각해 봅니다. 물론 이때 어우러진 여러 모음 소리는, 이중모음 소리처럼 두 개의 모음이 각각 따로따로 결합되어 나는 소리가 아니라, 물리 화학적으로 완전히 믹스된 단 하나의 소리라고 말씀드릴 수 있습니다. 왜냐면 한 가지의 입 모양 상태에서만 나는 소리이며, 또한 날숨이 목젖을 딱 한 번만 울리고 나오는 소리이기 때문입니다.

하나의 입 모양으로 한 번의 날숨이 목젖을 딱 한 번 울리고 나왔을 뿐인데, 여러 모음 소리가 단 하나의 모음 소리로 완벽하게 융합되어 나오는 소리, 저는 이 소리가 바로 한글 모음의 첫 번째 소리 '아래 아'의 진짜 소리라고 생각합니다.

한글 모음은 목젖을 본떠 만든 글자 아래 아(·)와 입술이 상하로 움직이는 형상을 본떠 만든 글자 이(ㅣ) 그리고 입술이 좌우로 움직이는 모양을 본떠 만든 글자 으(ㅡ)를 기본으로 하여 만들어진 기호가 아닐까 하고 곰곰 생각해 봅니다.

가장 낮은 자세
가장 높은 소리 아래 아(·)

나는 아래 아가 좋다. 낮아서 좋다. 다른 소리 기죽지 않게 소리 없이 낮아지는 아래 아, 아기 똥구멍 같기도 하고 엄마 젖꼭지 같기도 한 아래 아는 간지러운 하품 할 때 잘 보이는 목젖도 닮았다. 어떤 사람들은 하늘 아라고 부르지만, 점이 너무 높으면 아찔할 것 같아서 나는 좀 싫다.

아래 아는 마침표도 닮았다. 소리를 하되 낮고 차분하게 끝마치라는 뜻이리라. 그래야 점잖게 다시 말을 시작할 수 있는 것이라고 살짝 윙크를 날려주는 것이다.

점은 점점, 점점점 가는 것이다. 세상은 그렇게 이루어진 것이다. 엄마의 젖꼭지를 빨아야 아이가 어른이 되는 것처럼 세상도 점을 먹고 점점 자라나는 것이다. 깨알같이 생겼어도 점은 모든 걸 이루는 어머니와 같다. 혹자는 대폭발도 점이 터진 거라고 하던데 씨가 틔어야 생명이 되고 생명이 분해되어 다시 점으로 돌아가듯, 점은 마침과 시작의 영원한 순환인지도 모른다.

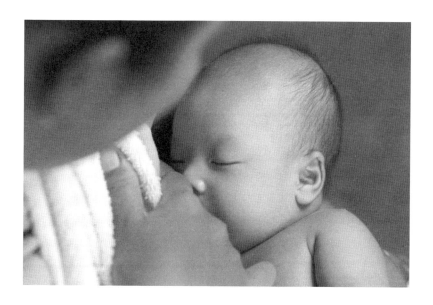

소리, 소리도 그렇다. 젖 달라고 울어대는 갓난아이의 우렁찬 소리, 그 소리가 바로 말의 시작이다. 단순하지만 강렬한 소리로 생을 시작하고 있는 것, 아래 아는 바로 그 본능의 소리를 절제하라는 작고도 따끔한 어머니의 가르침인 것이다. 낮게 절제하며 살아가는 것, 그것이 생의 최고 지혜라고 외치는 점 같은 침묵이 바로 아래 아인 것이다.

목구멍에 손가락을 집어넣고 목젖을 건드릴 수 있는가? 아마 닿기도 전에 헛구역질이 나오고 말 것이다. 모든 소리 한가운데 앉아 소리에 젖을 물려주는 아래 아, 누가 함부로 침범할 수 있겠는가?

버리는 것, 버려서 낮아지는 것, 그렇게 점같이 살아가는 것, 나는 이것이 아래 아의 진짜 이치라고 생각한다.

그래서 나는 아래 아가 좋다. 하늘보다 한참이나 낮아서 좋고 말보다 더 아래에 무언처럼 있어서 참 좋다. 어머니의 젖꼭지 같은 희생이 좋고, 마침과 시작을 이어주는 점, 점이라서 나는 아래 아가 너무너무 좋다. 아래 아는 가장 낮은 자세 가장 높은 소리다.

한글을 아시나요?(자음)

세종대왕께서 만드신 한글의 닿소리(자음)는 17자입니다. 소리가 나는 위치에 따라 '아, 설, 순, 치, 후'로 나누어 만드셨다고 하는데요, 저는 후(목구멍), 아(어금니), 설(혀), 치(이), 순(입술)의 순서로 구분하여 말씀드리겠습니다. 발음기관의 맨 안쪽부터 밖으로 나오는 순서입니다.

목구멍소리(후): ㅇ, ㆆ, ㅎ

어금니소리(아): ㄱ, ㅋ ㆁ(혀뿌리 소리)

혓소리(설): ㄴ, ㄷ, ㅌ ㄹ(혀끝과 혓바닥 소리)

이빨소리(치): ㅅ, ㅈ, ㅊ ㅿ(혀와 입천장 사이 소리)

입술소리(순): ㅁ, ㅂ, ㅍ

참고로, 누가 한글 자음의 순서를 'ㄱ, ㄴ, ㄷ, ㄹ, ㅁ, ㅂ, ㅅ, ㅈ, ㅊ, ㅋ, ㅌ, ㅍ, ㅎ'과 같은 식으로 늘어놓았는지는 잘 모르겠지만, 하도 달달 외워서 귀에 익숙하긴 합니다. 그러나 알파벳처럼 외우지 않아도, 그 원리만 알면, 아래와 같이 바로 알 수 있는 글자가 우리 한글입니다.

후음

목구멍소리는 'ㅇ(이응), ㆆ(여린 히읗), ㅎ(히읗)'으로 이루어진 소리입니다. 앞에서도 말씀드린 바와 같이, ㅇ(이응) 소리는 모음 소리를 낼 때 날숨이 입 밖으로 자연스럽게 나오면서 만들어지는 소리입니다. 그리고 날숨의 양이 좀 더 많이 빠져나오면서 나는 소리가 ㆆ(여린 히읗) 소리입니다. 그리고 당연히 ㅎ(히읗) 소리는 날숨의 양이 가장 많은 상태로 한꺼번에 빠져나올 때 나는 소리입니다. 따라서 후음은 날숨의 양에 따라 결정되는 소리입니다.

ㅎ(히읗) 소리는 누구나 잘 압니다. 시린 손끝을 녹이려 '호' 하고 입김을 불 때나, 또는 점심 먹고 난 후 나른할 때 하품하면서 잘 나타나는 소리이기 때문입니다. 또한 '하하하!' 하고 웃을 때나 한숨 쉴 때도 참 잘 들리는 소리입니다. 문제는 ㅇ(이응)과 ㆆ(여린 히읗)의 소리를 분간하기가 좀 어렵다는 것에 있습니다. 하지만 좀 더 귀를 기울여 가만히

들어보면 분명한 차이가 있다는 것을 알 수 있습니다.

(ㅇ)

　평상시 숨을 쉴 때 일부러 의식하지 않는 이상 내가 숨을 쉬고 있는지 잘 느끼지 못합니다. 만일 호흡할 때마다 숨을 쉬고 있는지 매번 체크한다면 정신적으로 매우 고된 일일 것입니다. 달박질을 한다거나 헤엄을 칠 때 또는 한숨을 쉬거나 하품할 때처럼 호흡량이 평상시보다 많아질 때, 그런 상태에서나 비로소 숨을 쉬고 있다는 것을 자각하곤 하는 것입니다. 이처럼 평상시 잘 느끼지 못하는 날숨의 흐름소리가 ㅇ(이응) 소리입니다. 거의 들리지 않아서 그렇지 소리가 나긴 나는 것입니다. 'ㅏ, ㅑ, ㅓ, ㅕ, ㅗ, ㅛ, ㅜ, ㅠ, ㅡ, ㅣ', 우리는 이 기호들을 말할 때 '아, 야, 어, 여, 오, 요, 우, 유, 으, 이'라고 각각의 기호에 공기의 흐름 소리를 나타내는 ㅇ(이응)을 붙여 소리를 냅니다. 입만 벌리고 있다고 해서 소리가 나는 것은 아니고 적어도 공기의 흐름이 함께 작용해야만 말소리를 낼 수 있는 것입니다. '아 아 아 아 아…' 하고 소리를 내어보세요. 그러면 목구멍이 내부의 공기를 입 밖으로 툭툭 밀어낸다는 것을 알 수 있습니다.

(ㆆ)

　ㆆ(여린 히읗) 소리는 ㅇ(이응) 소리와 ㅎ(히읗) 소리의 중간 소리입니다. '타짜'라는 말을 천천히 반복해서 소리 내어보세요. '타~짜, 타~

짜, 타~짜' 하고 말입니다. 그러면 이 소리가 3단계 소리로 난다는 것을 느낄 수 있을 것입니다. 즉, '타' 소리에 강세가 주어진 다음 '짜' 소리로 넘어가기 전에 공기 소리가 한 번 더 들린다는 것을 알 수 있는데, '타(아)짜'도 아니고 '타(하)짜'도 아닌 '타(ㅎ)짜' 소리라는 것을 어렴풋이 느낄 수 있을 것입니다. 다시 말씀드려 '타짜'라는 말을 연속해서 발음하기 위해서는 적어도 ㆆ(여린 히읗) 소리만큼의 날숨이 작용해야 한다고 말씀드릴 수 있는 것입니다. 너무 빨리 지나가 생략되어 버린 것처럼 느낄 수 있지만, ㆆ(여린 히읗) 소리는 분명 우리가 늘 사용하고 있는 소리입니다. 이 말과 유사한 '타자(기)', '타잔'이라는 말에서는 ㆆ(여린 히읗) 소리가 나타나지 않습니다. 각각의 음절 소리가 자연스럽게 연결되기 때문입니다.

아음

어금니 소리는 'ㄱ(기역), ㅋ(키읔) 그리고 ㅇ(이응)'으로 이루어진 소리입니다. 앞부분의 모음에 관한 내용에서 'ㄱ(기역)과 ㅇ(이응)' 소리에 대해서는 이미 말씀드린 바 있어 생략하기로 하고요, 'ㅋ' 소리는 간단히 'ㄱ + ㅎ'으로 이루어진 소리입니다. 혀뿌리가 어금니 부분의 입천장을 꽉 막은 상태에서 많은 양의 날숨을 한꺼번에 밖으로 차낼 때 나는 소리입니다.

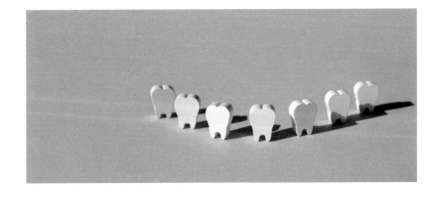

이 소리들은 위치상 혀가 어금니 부분의 입천장에 닿기 때문에 어금니 '아(牙)' 자를 써서 아음이라고 분류시킨 것이지만, 이 소리들도 분명 혀의 움직임에 의해 만들어지는 소리입니다. 사실 목구멍소리와 입술소리를 제외한 다른 분류의 소리는 모두 혀의 움직임에 의해 만들어지는 소리입니다. 그럼에도 불구하고 위와 같이 분류한 이유는 이체자라고 하는 'ㆁ(이응), ㄹ(리을), ㅿ(반치음)' 때문이라고 말씀드릴 수 있을 것입니다.

이체자

　　말 나온 김에 이체자에 대해 말씀드리면, 'ㅇ(이응)'은 혀뿌리에 의해 입 밖으로 나가는 통로가 거의 막혀 날숨이 비강으로 올라가 코에서 울리는 소리이기 때문에 동그라미 위에 꼭지를 붙여 공기가 위로 올라가는 모습을 나타낸 기호라고 말씀드릴 수 있습니다. 'ㅇ, ㆆ, ㅎ'이나 'ㄱ, ㅋ'과 같이 가획하는 방식이 다르기 때문에 이체자라고 부르는 것 같습니다.

　　그리고 'ㄹ'은 'ㄴ' 소리를 낼 때와 다르게 혀끝이 안쪽으로 말린다는 것을 알 수 있는데, 그 혀끝의 위치가 혀의 선상에서 'ㄱ' 소리를 낼 때와 'ㄴ' 소리를 낼 때의 중간쯤에 위치하기 때문에 'ㄱ'과 'ㄴ'을 위아래로 두고 그 가운데 사이에 가로획을 이어 만든 기호라고 생각합니다. 다시 말씀드려 'ㄴ' 소리의 혀 모양에 'ㄱ' 소리의 혀 모양을 그대로 이어붙이면 알파벳 's' 자를 옆으로 뉘인 모양과 매우 흡사하다는 것을 알 수 있는데, 그 모양을 우리 한글 기호에 맞게 표현한 것이 바로 'ㄹ' 기호라고 말씀드릴 수 있다는 것입니다. 이 역시도 소리의 세기에 따라 가획하는 방식과 다르기 때문에 이체자라고 한 것 같습니다. 참고로, 혀끝을 뒤로 말았다가 차내면, 눈으로 확인할 수는 없지만, 미세하게 떨리는 혀의 모양도 'ㄹ'의 형태를 띨 것이라고 생각합니다.

마지막으로 'ㅿ(반치음)'은 'ㅅ' 아래에 가로획을 그어 만든 글자로 보이기도 하는데요, 이미 가획의 원칙을 이용하여 'ㅅ' 위에 가로획 하나가 그어진 'ㅈ'이 있기 때문에, 이 'ㅈ'의 상단에 있는 가로획을 그대로 내려 삼각형 모양의 반치음을 만든 것이 아닌가 하고 생각해 봅니다.

설음

    혓소리는 ㄴ(니은), ㄷ(디귿), ㅌ(티읕), 그리고 ㄹ(리을)로 이루어진 소리입니다. ㄴ(니은)에 ㆆ(여린 히읗)을 더하면 ㄷ(디귿)이 되며, ㄷ(디귿)에 ㅎ(히읗)을 더하면 ㅌ(티읕)이 됩니다. 즉 'ㄴ+ㆆ=ㄷ', 'ㄷ+ㅎ=ㅌ'입니다. 'ㆆ, ㅎ'은 날숨의 양을 나타내는 소리라고 했는데, 'ㄴ' 소리는 혀의 맨 끝부분이 아주 부드럽게 살짝 붙었다 떨어지면서 나는 소리이기 때문에 자연스러운 날숨만으로도 소리를 잘 만들 수 있지만, 'ㄷ' 소리는 'ㄴ'보다 더 넓은 면적의 혓바닥이 붙었다 떨어지면서 만들어지는 소리이기 때문에 좀 더 많은 양의 'ㆆ' 정도의 날숨이 필요하다는 것입니다. 그리고 'ㅌ'은 'ㄷ' 상태에서 'ㅎ'만큼의 날숨이 작용되어야 만들어질 수 있다는 의미입니다.

    물론 'ㄹ'도 혀의 움직임에 의해 만들어지는 소리입니다. 그런데 'ㄴ, ㄷ, ㅌ'은 혀끝과 혓바닥이 경구개와 부딪히므로 인해 만들어지는 소리인데, 'ㄹ'은 혀끝을 안쪽으로 말아 날숨을 목구멍 안쪽으로 몰아넣은 상태에서 입천장을 살짝 스치듯 차내면서 몰아넣은 공기로 목울대 부분을 울리게 하여 만들어지는 소리입니다.

손가락을 살짝 입에 집어넣고 천천히 '다 다 다 다 다…' 하고 소리 내어 보세요. 그러면 혀끝 부분의 약 1cm 가량의 혀가 손가락에 전혀 닿지 않고 그 안쪽의 넓은 면의 혓바닥이 입천장과 맞닿으면서 소리가 난다는 것을 알 수 있습니다. 이번엔 '나 나 나 나 나…' 하고 소리를 내어보세요. 그러면 그 닿지 않던 1cm 가량의 혀끝이 손가락 끝에 부드럽게 붙었다 떨어지면서 '나' 소리가 만들어진다는 것을 알 수 있습니다. 그리고 마지막으로 '라 라 라 라 라…' 하고 소리 내어 보세요. 그러면 혀끝이 '나' 소리를 낼 때와는 다르게 손가락을 건드리지 않고 안쪽으로 말려 들어간다는 것을 확인할 수 있을 것입니다.

(ㄴ-ㄱ)

저는 일상생활 속에서 자음 중에 'ㄴ' 소리를 찾기가 가장 어려웠던 것 같습니다. 그런데 가만 살펴보니, 누구나 아주 쉽게 금방 알아차릴 수 있는 것처럼 'ㄱ'을 180도 회전시키면 그대로 'ㄴ'이 된다는 것을 알 수 있습니다. 또한, 'ㄱ'은 혓바닥의 맨 안쪽 뿌리 부분이 작용하여 만들어지는 소리이고, 'ㄴ'은 혀의 맨 끝부분이 작용하여 만들어지는 소리인데, 혀의 선상으로도 정확히 180도 마주 보고 나는 소리라는 것도 알 수 있습니다. 그리고 'ㄱ'은 단단하고 딱딱한 소리인데 반해, 'ㄴ'은 연하고 매우 부드러운 소리라는 것을 알 수 있습니다. 소리의 성질마저도 정반대인 것입니다. 그래서 이 두 소리가 서로 마주 보듯 밀접한 연관이 있는 것은 아닐까 하고 생각해 보았습니다.

'ㄱ'은 단단하고 딱딱한 소리입니다. 혀뿌리가 목구멍을 꽉 틀어막으면서 나는 소리인데, 쉽게 생각해서 그냥 목을 확 졸라 보세요. 그러면 자동으로 '억!', '윽!', '윽!'과 같은 짧은 외마디 소리가 난다는 것을 알 수 있습니다. 드라마나 영화에서 병사들이 총알이나 화살을 맞고 '윽!' 하고 쓰러지는 장면을 본 적 있을 것입니다. 또는 학창시절 주먹으로 옆구리 한 대 맞아본 경험이 있는 분이라면 보다 선명하게 '윽!' 소리를 느낄 수 있을 것입니다. 이렇게 신체에 강한 충격이 가해지면 순간적으로 최대한 빨리 호흡을 차단하기 위해 혀뿌리와 연구개가 가장 짧은 거리인 수직 거리로 입천장과 비강으로 난 공기 통로를 틀어막는다는 것을 알 수 있습니다. 이것은 순간적으로 호흡을 차단하여 신체 내부의 압력을 높여 몸을 단단하게 함으로써 외부의 충격에 대해 방어 대처하기 위한 생체학적 현상이라고 말씀드릴 수 있을 것입니다. UFC 경기에서 상대방 선수의 강한 주먹이 옆구리로 날아오는 순간 호흡을 꽉 참고 있어야지 잘못 내쉬었다가는 그대로 KO 당할 수 있습니다. 그리고 역도 선수가 100kg이 넘는 바벨을 들어 올릴 때 절대 숨을 내쉬면서 들어 올릴 수는 없습니다. 최대한 많은 양의 공기를 들이 마신 다음 숨을 꾹 참은 상태에서 순간적으로 들어 올리는 것입니다. 또한, 매일 용변을 볼 때도 잘 나타나는 현상인데요, 설사를 할 때보다 된똥을 쌀 때 숨을 꾹 참고 내부의 압력을 이용하여 힘주어 밀어내야 한다는 것을 알 수 있습니다.

단단하다는 것은 어떤 물질이 외부의 힘에 대하여 견딜 수 있는 저항 강도를 말합니다. 자연상태에서 가장 단단한 물질이 '다이아몬드'라고 하는데요, 지금도 결혼반지로 이용되고 있는 이것이 거의 3,000년 전부터 발견된 것이라고 합니다. 공자께서도 "흠집 없는 조약돌보다 흠집 있는 다이아몬드가 낫다."라고 하셨다는데요, 청동기를 만들어 한참 사용해오던 청동기 후기에서, 그 후로 수백 년 야금술이 더더욱 발전하면서 철기시대로까지 단단함은 계속 더 단단하게 이어져 온 것이라고 말씀드릴 수 있을 것 같습니다.

우리 인류에겐 단단한 것이 반드시 필요했을 것입니다. 그래야 호랑이가 나타나면 돌맹이라도 던져 쫓아낼 수 있었을 테니까 말입니다. 그렇게 수십만 년을 돌과 함께 살아오다가, 불을 이용하여 단단한 돌을 연하게 녹일 수 있게 된 것이겠지요. 녹여서 구리도 뽑고 철도 뽑을 수 있게 된 것입니다. 물론 오늘날도 돌(광물)이 없으면 세상이 유지되기 힘들다고 합니다. 건물을 만들 때 필요한 철이나 시멘트뿐만 아니라, 베이비 파우더는 활석을 주성분으로 하고 있으며, 화장품, 의약품, 종이, 세라믹 등 각종 물품이 다 광물을 정제하거나 그 안에서 원료를 추출하여 만든다고 합니다. 또한, 우리 현대산업의 중요한 역할을 하는 반도체도 석영을 주재료로 한다고 하니, 돌이 없으면 미래도 없다고 볼 수 있을 것입니다.

철은 녹는점이 1,535℃로 구리(1,083℃)나 주석(232℃)보다 높아, 초기의 철 야금 방식으로는 화로의 온도가 낮아 구멍이 난 스펀지 같은 철을 얻을 수밖에 없었다고 합니다. 그런데 이 구멍 난 철 덩어리를 다시 불에 달구고 두드림을 반복하면 연철이 된다고 합니다. 그러고 나서 또다시 이 연철을 숯불에 가열하고 물에 담금질을 반복하면 드디어 매우 단단한 강철이 된다고 합니다. (「네이버 지식백과」, 철(iron), 화학백과)

전통사회에서는 불순물이 많이 들어 있는 철을 '잡철'이라고 하고, 순도가 높은 철을 '무쇠'라고 했으며, 더욱 순수한 것을 '참쇠'라고 구분하였다고 합니다. 잡철은 쓸모가 별로 없었고, 무쇠는 녹여서 솥이나 화로 등을 만들었다고 합니다. 그리고 참쇠는 달구어서 더 갈고 다듬어 칼이나 창 도끼 등을 만들었다고 합니다. (출처:『한국민족문화대백과사전』(쇠))

저는 순도가 높은 쇠일수록 'ㄴ' 소리도 더 생생하게 울려 나올 것이라고 생각합니다. 돌이 뜨거운 맛도 좀 보고 쇠망치질도 좀 당해보고 찬물에 들어갔다 나왔다 숨도 좀 헐떡거려 보고 하면서 불순물이 제거된 순수하고 단단한 쇠가 되면서, 그 속에 단단한 'ㄱ' 소리와 부드러운 'ㄴ' 소리가 함께 잠재된 것이 아닌가 하고 생각해 봅니다. "젊을 땐 사서도 고생한다."라고 하는데, 산전수전 많은 경험을 통해 긁히고 상처받고 하면서 사고의 견고함과 유연함이 함께 길러지면 아무래도 외부의 힘에 대해 견딜 수 있는 저항값도 더 커질 수 있는 것처럼 말입니다.

'ㄴ' 소리는 누구나 참 부드러운 소리라고 생각하실 것입니다. 아마도 은은한 소리라서 그렇게 느끼지 않을까 하고 생각해 봅니다. 눈 쌓인 고요한 밤 은은하게 들려오는 교회 종소리, 또는 침묵을 참 귀엽게도 질투하는 아기 붕어 같은 풍경 소리에서 'ㄴ' 소리가 울려 나오는 것 같습니다.

트라이앵글을 쳐도 'ㄴ' 소리가 울립니다. 그리고 와인잔에 물을 여러 높이로 담아 젓가락으로 살살 두드려도 'ㄴ' 소리가 들립니다. 그런데 실로폰 연주에서도 'ㄴ' 소리가 너무 잘 나타나는데요, 저는 실로폰이 금속으로 만든 악기인 줄 알았는데 알고 보니 단단한 나무 막대로 만든 악기라고 합니다. 그렇다면 재질이 꼭 쇠가 아니어도 'ㄴ' 소리가 잘 날 수 있다는 것인데요, 그 원리에 대해서는 저도 잘 모르겠습니다. 다만 무림 초절정 고수들의 검이 부딪히는 순간 빛과 함께 강렬한 'ㄱ' 소리가 나면서 잠깐의 정적이 흐르는 가운데 매우 아름답고 은은한 'ㄴ' 소리가 울려 나오는 것은 분명한 것 같습니다.

(ㄹ)

　'ㄹ'은 'ㄱ'과 'ㄴ'을 위아래로 두고 그 사이에 가로획을 이어 만든 기호라고 말씀드렸습니다. 그러면 단단한 성질의 'ㄱ'과 부드러운 성질의 'ㄴ'이 이어지면 'ㄹ'이 된다는 것인데요, 굴곡진 삶을 살아가면서 자연스럽게 그려지는 모양이라고 생각해 볼 수도 있을 것 같습니다.

　또한 'ㄹ'은 혀가 말리고 떨리면서 나타나는 모양을 본떠 만든 기호라고 생각합니다. 왜냐면 자음 중에 유일하게 혀끝이 날숨을 떨게 하면서 만들어지는 소리이기 때문입니다. 그런데 자연상태에서도 그 모양이 아주 잘 나타나는 것 같습니다. 마치 물이 흘러가는 길뿐만 아니라, 생명이 살아가는 길, 그 길을 본떠 만든 기호인 것처럼 보이기도 합니다.

　길은 움직임입니다. 움직임이 쌓이고 쌓여 축적된 생의 역사가 바로 길이라는 것입니다. 태고부터 이어진 생동의 강력한 표현형, 그 유전적

길을 따라 저도 지금 서 있는 것이 아닌가 하고 생각해 봅니다.

길은 기본적으로 구불구불합니다. 시골 풍경화를 그릴 때 도화지의 좌측 하단에서 우측 상단으로 이러진 작은 마을을 따라 난 길이 아우토반 같으면 이건 너무 운치가 없습니다. 알파벳으로 치면 's' 자 모양처럼 그런대로 부드럽게 구불구불하면서 원근법이 적용되어야만 한 폭의 그림 같은 느낌이 드는 것입니다. 'ㄹ'도 좀 갈겨 쓰면 's'를 뒤집어 놓은 모양과 흡사합니다.

그런데 이런 느낌은 꼭 동양적이라 그런 것만은 아닌 것 같고요, 원래가 길은 그런 모양으로 날 수밖에 없기 때문인 것 같습니다. 지구의 땅이란 것이 평평하게 생긴 게 아니라 매우 울룩불룩하게 생겼기 때문입니다. 고층 아파트나 빌딩을 올라갈 때 엘리베이터가 없으면 빙빙 돌며 올라가야 하고, 스키장에서 내려올 때도 'ㄹ' 자처럼 구불구불 내려와야 그런대로 안전합니다.

평평한 땅에서도 'ㄹ' 같은 유전적 경향이 강하게 나타나기도 합니다. 메시나 손흥민 선수가 단독 드리블로 수십 미터를 달려 골을 넣을 때 보통은 직선으로 공을 몰고 가는 것이 아니라 'ㄹ' 자처럼 지그재그로 몰고 가 골을 넣는다는 것을 알 수 있습니다. 물론 상대 수비수라고 하는 저항값들을 제치기 위해 일어나는 자연스러운 움직임 현상입니다. 또한, 지렁이가 기어가는 모습이나 은빛 갈치가 헤엄치는 모습에서도 이와 같은 현상들을 목격할 수 있으며, 치타의 어린 사슴 추격전에서도 매우 위태위태하면서도 박진감 넘치게 목격할 수 있습니다.

그러고 보면, 'ㄹ' 자 형태의 움직임은 저항값에 의한 움직임이라고 생각해 볼 수 있을 것 같습니다. 따라서 태어난 이상 생동은 모든 저항과의 싸움이며, 그 싸움의 연속성 상에서 자연스럽게 그려지는 것이 바로 길의 모양 'ㄹ' 자가 아닌가 하고 생각해 봅니다.

물론 물도 'ㄹ' 모양으로 굽이굽이 굴곡진 길을 따라 울며불며 흐릅니다. 하늘에서 비가 내리고 빗물이 만나 골짜기를 이루고 냇물이 강을 이뤄 바다에 다다를 때까지 물은 흐르고 구르고 부닥치면서 끊임없이 'ㄹ' 소리를 만들어냅니다.

물은 꺾인 곳에서 더 잘 웁니다. 많은 물이 한꺼번에 'ㄹ' 소리를 만들어내기 때문입니다. 가글 할 때나 고개를 쳐들고 물이나 양치액으로 목을 헹굴 때 목구멍의 꺾인 부분 또는 성대의 바로 윗부분에서 물이 날숨에 의해 출렁거리면서 'ㄹ' 소리가 매우 활발하게 연출된다는 것을 알 수 있습니다. 졸졸 흐르는 물소리와도 닮았고 찌개가 보글보글 끓을 때 나는 소리와도 닮았습니다.

'꼬르륵' 소리에서도 'ㄹ' 소리가 잘 들립니다. 물속에서 작은 기체 방울이 춤추며 떠오를 때 나는 소리이기도 하고요, 또한 아주 구불구불한 소장에서 공기가 물을 굴리고 밀어내면서 나는 소리이기도 합니다.

모든 물질은 수많은 힘의 벡터 작용에 의해 끊임없이 떨고 있습니다. 태양 빛이 지구로 날아와 활엽상록수의 잎사귀에 파고들 때까지 무수히 떨고 흔들리며 날아왔을 것입니다. 또한, 전자현미경 같은 것으로 미시 세계를 관찰하면 무수한 입자들이 부들부들 떨고 있다는 것을 알 수 있을 것입니다. 사진 찍을 때 삼각 받침대가 필요한 것도 떨림 현상을 도저히 떨쳐 버릴 수 없기 때문입니다. 이와 같은 떨림 현상도 'ㄹ'처럼 지그재그로 떤다고 말씀드릴 수 있을 것입니다.

'ㄹ' 소리는 혀끝을 되도록 'ㄹ' 모양처럼 말아 'ㄹ' 모양처럼 공기를 차야 잘 만들어지는 소리가 아닌가 하고 생각해 봅니다. 깃발이나 빨래가 바람에 펄럭일 때 그 소리를 주의 깊게 들어보면 분명 'ㄹ'과 비슷한 소리가 난다는 것을 느낄 수 있을 것입니다. 이 역시도 깃발이 'ㄹ' 모양으로 펄럭거리기 때문일 것이라고 생각합니다.

따라서 'ㄹ'은 움직임의 성질을 나타낸 자음이라고 생각해 볼 수 있으며, 더욱 근본적으로 'ㄹ'은 모든 물체 또는 모든 에너지의 움직임을 본떠 만든 기호라고 말씀드릴 수도 있을 것 같습니다.

치음

이빨 소리는 ㅅ(시옷), ㅈ(지읒), ㅊ(치읓), 그리고 ㅿ(반치음)으로 이루어진 소리입니다. 이것도 마찬가지로 ㅅ에 ㆆ(여린 히읗)을 더하면 ㅈ(지읒)이 되고, ㅈ(지읒)에 ㅎ(히읗)을 더하면 ㅊ(치읓)이 됩니다. 도식하면 'ㅅ+ ㆆ=ㅈ, ㅈ+ㅎ=ㅊ'입니다. 그런데 삼각형처럼 생긴 ㅿ(반치음)이란 소리는 도대체 뭔 소리인지 도무지 알 길이 없습니다. 그렇다고 세종대왕께서 이 어마어마한 한글을 만드시면서 결코 쓸데없는 글자를 만드셨을리는 만무합니다. 그래서 아주 작은 실마리라도 놓치지 않기 위해 이것저것 묻지도 따지지도 않고 생각해 보았습니다. 온전한 이빨 소리에 대해 말씀드린 다음, 반절만 이빨소리라고 하는 '세모'에 대해 저의 생각을 말씀드리겠습니다.

그러기 전에 한 말씀 더 드리자면, 이빨소리라고 해서 진짜 이가 마구 움직이면서 소리를 만들어낸다는 것은 아닙니다. 혀와 입천장의 얇은 틈을 지나 날숨이 최종적으로 이 사이로 빠져나오록 유도하면서 만들어지는 소리라는 것입니다. 촛불 끌 때 입술을 작게 모아 입안에 있는 공기를 불어내야 바람이 더 세져 잘 끌 수 있는 원리와 같습니다. '훈민정음 해례'에는 이빨의 모양을 본떴다고 했는데, 이빨을 뽑아보면 'ㅅ' 모양과 닮았습니다. 다만, 이빨이 다 빠진 상태에서도 'ㅅ'를 잘 낼 수 있고, 또한 'ㅅ' 소리를 만드는 데 직접적이고 능동적인 역할을 하는 것은 '이'보다는 '혀'라고 할 수 있기 때문에 삼각형처럼 생긴 혓바닥을 쓸고 나오는 날숨의 기류를 본떠 만든 기호일 가능성도 있다고 생각합니다. 왜냐면 'ㅅ' 소리도 공기 소리이기 때문입니다. 물론 당연히 후음 'ㅇ, ㆆ, ㅎ'도 공기 소리입니다. 그러나 'ㅅ' 소리와는 많은 차이가 납니다. 목구멍소리인 후음은 폐에서 나온 공기가 성대를 통과해 입 밖으로 빠져나올 때까지 다른 기관들의 적극적인 간섭이나 장애, 즉 능동 저항을 전혀 받지 않고 나옵니다. 반면에 'ㅅ' 소리는 혓바닥이 매우 능동적으로 움직여 입천장과의 간격을 좁히는 간섭을 통해 공기가 혓바닥의 수많은 돌기와 마찰을 일으키도록 하여 만들어지는 소리인 것입니다.

(ㅅ)

ㅅ(시옷) 소리는 혓바닥과 입천장의 닿을락 말락 한 얇은 틈을 따라 날숨이 혓바닥에 있는 수많은 돌기를 쓸면서 혀의 고랑을 따라 최종적으로 이 사이로 빠져나오면서 만들어지는 소리입니다. 혀와 입천장의 틈이 얇다 보니까 날숨이 자연적으로 이 사이로 새어 나올 수밖에 없

는 것입니다.

밖에 나가면 꼭 만나는 것이 있습니다. 바람입니다. 바람은 안 불 수가 없습니다. 기압의 차가 아주 똑같은 상태로 유지되는 대기를 생각할 수 없기 때문입니다. 느끼지 못하는 바람이라도 바람은 늘 불고 있는 것입니다.

물은 물의 길을 따라 흐릅니다. 그런데 바람은 딱히 따로 길이 없는 것 같습니다. 사이, 즉 틈만 있으면 얼마든지 움직일 수 있습니다. 따라서 바람의 길이 곧 '사이'라고 말씀드릴 수도 있을 것 같습니다.

자음 'ㅅ' 소리는 바람이 움직일 때 나는 소리입니다. 움직이면서 사물과 마찰을 일으키며 만들어지는 소리입니다. 바람의 작은 알갱이가 사물의 표면을 쓸고 지나가면서 만들어지는 소리라는 것입니다. 문틈으로 새어 들어오는 바람 소리는 분명 'ㅅ' 소리입니다. 대빗자루로 마당을 쓸 때도 'ㅅ' 소리가 들리고, 손바닥을 살살 비빌 때도 역시 'ㅅ' 소리가 납니다. 손바닥 사이의 작은 공기 알갱이들을 비비기 때문입니다.

'ㅅ'은 이빨의 모양도 닮았습니다만, 끝이 뾰족한 혀의 모양도 닮은 것 같습니다. "메~롱." 하며 혀를 빼보면 그런대로 끝이 뾰족하게 생겼다는 것을 알 수 있는데, 사람뿐만 아니라 동물의 혀도 그렇고 풀잎이나 나뭇잎의 모양도 기본적으로 끝이 뾰족하게 생겼습니다. 끝이 네모나거나 넓적하게 생긴 것보다 사는 데 더 유리하기 때문일 것입니다. 예를 들어, 소금이나 장맛을 볼 때 숟가락으로 퍼먹으면서 맛을 보지 않습니다. 혀끝으로 살짝 맛을 봅니다. 이때 당연히 넓적한 거보다 뾰족한 것이 낫습니다. 즉, 감각은 넓적한 거보다 뾰족하게 돌출되어 있어야 더 조심스럽고 예리하게 느낄 수 있는 것입니다. 가시가 뾰족한 것도 그 사실을 잘 알고 있기 때문일 것입니다.

비행기는 새의 모습을 본떠 만든 것입니다. 종이비행기 보세요. 끝이 뾰족하잖아요. 바람을 더 잘 뚫고 지나가기 위한 물리 공학적 형상입니다. 제트기가 지나가는 거 보신 적 있을 것입니다. 진짜 싸가지 없이 지나가는 것 같습니다. 물론 웃자고 하는 말입니다만, '쒜쒜'거리며 지나가는 모습을 보고 있으면 자동으로 인상이 구겨지더라고요. 그런 소리 또한 공기를 가르는 소리입니다. 그래서 당연히 쌍시옷 소리가 날 수밖에 없는 것이고요. 바람의 알갱이를 너무 세게 들이받다 보니 아주 아주 시끄러운 소리가 나는 것입니다. 쌍시옷 소리가 심장까지 뚫고 들어올 것처럼 말입니다. 저는 한 대 쥐어박고 싶더라고요. ㅎㅎ

'ㅅ'은 혀의 모양도 닮았지만, '사이'에서 살아가는 수많은 생명체의 지혜도 닮은 것 같습니다.

(ㅈ)

ㅈ(지읒) 소리는 입 안에 있는 액상 및 점액상 형태의 침과 날숨이 섞여 혓바닥과 입천장의 얇은 틈을 지날 때 혓바닥의 돌 기들과 마찰하며 만들어지는 소리입니다. 혀의 움직임이 'ㄷ' 소리를 낼 때와 거의 같다고 할 수 있는데요, 혀끝에서 약 1~2cm가량 안쪽 부분의 혀가 입천장에 닿을 듯 말 듯 한다는 것입니다. 사실 거의 닿는 것처럼 느껴지

기도 합니다만, 완전히 닿는 것은 아닙니다. 그 사이에 침과 공기층이 형성되어 있기 때문입니다. '다 다 다 다 다…' 하고 소리 내어보세요. 그러고 나서 '자 자 자 자 자…' 하고 소리 내어보세요. 그러면 분명한 차이점이 있다는 것을 알 수 있을 것입니다.

(ㅊ)

'ㅊ' 소리는 'ㅈ+ㅎ'으로 이루어진 소리입니다. 혓바닥이 입안에 있는 물기와 많은 양의 날숨을 섞어 한꺼번에 차낼 때 만들어지는 소리입니다.

한글 자음은 음악으로 치면 '도레미파솔라시도' 같은 음계와 같고 미술로 치면 수십 수백 가지의 물감과 같습니다. 여러 음계로 수많은 곡조를 만들어내고 여러 색깔로 다양한 그림을 그릴 수 있는 것처럼, 한글 자음으로 자연계의 수많은 소리를 아주 가깝게 연출할 수도 있을 것 같습니다.

예를 들어, 프라이팬에 전을 부칠 때 그 소리를 유심히 들어보면 'ㅈ, ㅉ, ㅊ, ㅌ, ㄹ' 등의 여러 자음 소리가 어우러져 들린다는 것을 알 수 있습니다. 또는 빗물이 찬 항아리에 물방울 하나 뚝 떨어질 때 그 소리를 잘 들어보면 'ㄷ, ㄸ, ㅇ, ㄹ' 등의 소리가 어우러져 들린다는 것을 알 수 있습니다. 그리고 돼지비계와 두부가 듬뿍 들어간 김치찌개를 자글자글 끓일 때 국물이 여러 재료와 마구 몸을 섞으면서 'ㅈ, ㄹ, ㅊ, ㅂ' 등의 소리가 잘 연출되어 들린다는 것을 느낄 수 있을 것입니다.

냄비에 물이 끓는 과정의 소리를 가만 들보면, 처음에 서서히 열을 받으면서 바람 소리 같은 'ㅅ' 소리가 약하게 들리기 시작한다는 것을 알 수 있습니다. 그러면서 점점 그 소리가 'ㅆ'이나 'ㅊ'으로 강해지는데요, 물이 끓기 시작할 때까지 이어집니다. 이것은 열에 의해 물 분자(H_2O)들 사이에 틈이 생기면서 춤을 추듯 서로의 몸을 마구 비비기 때문에 만들어지는 소리인 것 같습니다. 여기서 열이 더 오르면 김이 나기 시작합니다. 강하게 공유결합하고 있는 물 덩어리에서 해방된 수증기가 발생하는 것입니다. 이 수증기들이 많이 모이면 구름도 되고 비도 되고 눈도 된다고 합니다. 아무튼, 몇 분 지나 물이 끓게 되면, 냄비의 재질이나 형태에 따라 다르기는 하지만, 보통은 공통적으로 계곡 물소리와 상당히 유사한 소리가 난다는 것을 알 수 있을 것입니다. 주로 'ㅈ, ㅅ, ㅊ, ㄹ, ㅂ' 등의 소리가 골고루 잘 나타나는 것 같습니다.

그런데 시뻘겋게 달궈진 쇳덩이를 찬물에 담그면, 어떤 소리가 들리시나요? 아마도 'ㅅ, ㅈ, ㅊ, ㄹ' 등의 소리가 난다는 것을 알 수 있을 텐데요, 그중에서도 'ㅊ' 소리가 매우 활발하게 들린다는 것을 느낄 수 있을 것입니다. 뜨거운 쇠를 찬물에 담그면 급속하게 쇠가 식으면서 엄청난 양의 수증기가 동시다발적으로 물 표면을 박차고 나오면서 주위에 있는 많은 공기와 충돌하기 때문에 만들어지는 소리입니다. 이것은 쇠를 용접할 때 나는 소리와도 비슷한데요, 수천 도의 열을 이용하여 한순간에 쇠를 녹일 때 주변의 많은 양의 산소들과 충돌하기 때문입니다. 물론 파도치는 소리에서도 'ㅊ' 소리가 잘 들립니다.

다들 아시는 것처럼 'ㅊ' 소리는 기침을 하거나 재채기를 할 때 잘 나타나는 소리입니다. 이것은 내부의 간질간질한 이물질이나 분비물을 자동으로 배출시키기 위한 생리현상인데요, 혓바닥과 목구멍이 협력하여 많은 양의 공기를 이용해 이물질을 최대한 멀리 차내는 것입니다. 그래서 이때 'ㅊ' 소리가 가장 잘 들리는 것입니다.

세종대왕께서 자연의 모든 소리를 담을 수 있다고 하셨는데요, 정말 그럴 수도 있겠다 싶습니다.

(ㅿ)

ㅿ(반치음) 소리의 반절은 이빨소리라고 했으니, 다른 치음들이 만들어지는 방식과 적어도 반절 정도는 같은 방식으로 이루어진다고 말씀드릴 수 있을 것입니다. 그러면 나머지 절반의 소리가 어떤 방식으로 이루어지는지를 추적해 보면, 그 실마리를 찾을 수도 있지 않을까 하고 생각해 봅니다.

일단 모양에 눈길이 갔습니다. 삼각형 모양 말입니다. 수학 교과서에나 나올 법한 정삼각형 평면도형입니다. 사실 자음 17자 중에 동그라미와 네모는 지금도 늘 사용하고 있습니다. 그런데 저는 ㅿ(반치음)이란 것이 있었는지도 몰랐습니다. '세종대왕께서 한글을 매우 과학적으로 잘 만드셨다.'라고만 들어왔습니다. 그것도 주로 한글날 즈음해서만 말입니다. 글쎄요, 전혀 어울리지도 않고 근거 없는 비유일 수도 있겠지만요, 「오징어 게임」에서 세모가 없었다면 그렇게까지 세계적으로 많은 인기를 누릴 수 있었을까 하는 의문이 듭니다. 그처럼 사라져버린 자음 세모를 되찾을 수만 있다면, 우리 한글도 전 세계적으로 더더욱 큰 인기를 누리게 될지도 모르겠습니다.

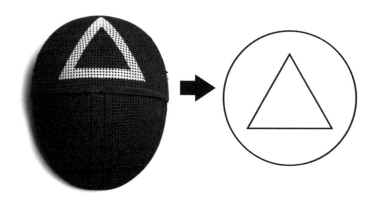

자음의 모양은 발음기관을 본떠 만들었다고 했습니다. 그러면 ㅿ (반치음)도, 아무리 이체자라고 하더라도, 기본적으로 발음 기관의 모양과 별개의 모양으로 만들어지지는 않았을 것입니다. 발음기관 중에 세모나게 생긴 것이 뭐가 있을까요? 유독 코가 세모나게 생겼는데 코가 말을 하는 것은 아니잖아요. 그래서 좀 억지스럽게 주장하는 것인지도 모르겠습니다만, 일단 혀는 일반적으로 세모나게 생긴 게 맞다고 생각합니다. 따라서 ㅿ(반치음)도 기본적으로 혀의 모양에서 벗어날 수는 없을 것이라고 생각합니다.

위에서도 말씀드린 바와 같이 자음 'ㅈ'의 상단에 있는 가로획을 아래로 내리면 삼각형 모양이 됩니다. 다른 자음으로는 이렇게 간략하고 연관된 상태로 삼각형의 형태를 만들 수 없습니다. 따라서 'ㅈ'의 위에 있는 획 하나만 그대로 움직여 아래에 붙임으로써 만든 것이 'ㅿ(반치음)'이라고 생각해 볼 수 있다면, 'ㅿ(반치음)' 소리는 'ㅈ' 소리를 다소 약하게 하면서 동시에 'ㅅ' 소리를 살려서 함께 소리 낼 때 만들어지는 소리가 아닐까 하고 유추해 볼 수도 있을 것입니다.

그러면 이제, 'ㅅ' 소리와 약한 'ㅈ' 소리를 동시에 낼 수 있는 혀의 상태를 찾아 비교해 보면, 치음이 만들어지는 방식과는 사뭇 다른 방식으로 'ㅿ(반치음)' 소리가 만들어진다는 것을 알 수도 있을 것 같습니다.

치음이라고 하는 'ㅅ, ㅈ, ㅊ' 소리는 소리를 낼 때 약 1~2cm가량의 혀끝이 직접적으로 작용하지 않습니다. 마치 'ㄷ, ㅌ' 소리를 낼 때처럼 말입니다. 천천히 '사, 자, 차'라고 소리 내어보세요. 그러면 혀끝에서 약 1~2cm 정도의 안쪽에 있는 혀 근육이 힘 있게 위로 들리면서 작용한다는 것을 알 수 있을 것입니다. 혀 근육이 이렇게 움직이는 것은 혀가 구강구조보다 길기 때문입니다. 치음은 혀와 입천장 사이의 간격이 좁아지면서 틈이 있어야 만들 수 있는 소리인데, 혀가 길다 보니까 혀를 위로 들어 올릴 때 혀끝 부분이 윗잇몸에 닿아버릴 수 있다는 것입니다. 그래서 그것을 방지하기 위해 혀끝에서 1~2cm 안쪽의 혀 근육에 강세를 주어서 들어 올리면서 동시에 혀끝을 살짝 아래로 쳐지게 한다는 것을 알 수 있습니다. 다시 한 번 천천히 '사, 자, 차'라고 소리 내어보세요. 그러면 자음을 만드는 데 있어 혀가 얼마나 합리적이고 섬세하게 운동하는 발음기관인지 여실히 느끼게 될지도 모르겠습니다.

'ㅅ'과 약한 'ㅈ' 소리를 동시에 발음하기 위해선, 바로 그 1~2cm가량의 혀끝이 작용해야만 합니다. 그런데 여기서도 좀 더 세밀하게 살펴봐야 할 부분이 있습니다. 살짝 처진 혀끝은 윗니에 닿습니다. 그러면서 윗니에서 윗잇몸, 그리고 입천장으로 이어진 짧은 곡선을 따라 그 2cm가량의 혀끝이 같은 곡선을 이루며 윗니와 윗잇몸 사이에 아주 살짝 틈을 만들어준다는 것입니다. 그래야만 그 틈과 이 사이로 날숨이 빠져나가면서 'ㅅ' 소리도 낼 수 있고, 동시에 윗잇몸 부분에 있는 적은 양의 물기와 날숨이 섞여 마찰하면서 약해진 'ㅈ' 소리도 함께 낼 수 있기 때문입니다.

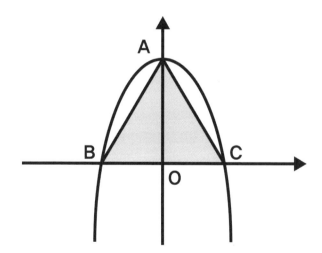

'ㅿ(반치음)' 소리는 이와 같은 방식으로 만들어진 것이 아닌가 하고 생각해 봅니다. 즉 혀끝에서 안쪽으로 약 1~2cm의 지점을 기준점으로

해서 양쪽으로 'ㅿ(반치음)'과 '치음'이 나뉘어 만들어지는 것이 아닐까 하고 말입니다.

앞의 그림에서 A를 혀끝과 윗니가 만나는 점이라고 하면, 선분 AO는 혀끝에서 안쪽으로 2cm 정도의 수직선이라고 말씀드릴 수 있습니다. 그리고 선분 AB와 선분 AC는 혀의 양날을 따라 그은 직선이라고 말씀드릴 수 있습니다. 그러면 마지막으로 선분 BC는 밑변이 되는 것입니다. 꼭짓점 ABC의 삼각형을 좀 더 입체화하면, 구멍 난 작은 삼각뿔의 모양 또는 구멍 난 원뿔의 살짝 찌그러진 모양을 생각해 볼 수 있는데요, 그 작은 공간에서 만들어지는 소리가 바로 ㅿ(반치음) 소리라고 말씀드릴 수 있을 것 같습니다. 그리고 나머지 안쪽의 혓바닥에서 만들어지는 소리가 치음이라고 생각합니다.

ㅿ(반치음) 소리는 알파벳 'Z' 소리와 유사한 소리라고 하는데요, 'Z'의 소리를 유심히 들어보면 'ㅅ' 소리와 여린 'ㅈ' 소리가 어울려 들린다는 것을 알 수 있습니다.

이렇게 말씀드리는 와중에도, 상당히 머리 아픈 고민이 있습니다. 자음 중에 혀끝이 능동적으로 작용하여 만들어지는 소리가 'ㄴ'과 'ㄹ'입니다. 그렇다면 ㅿ(반치음)도 혀끝이 작용하여 만들어지는 소리이기 때문에 '혓소리'라고 말씀드릴 수 있는 것입니다. 그런데 또 한편으로 ㅿ(반치음)을 이루고 있는 'ㅅ' 소리나 여린 'ㅈ' 소리 모두 치음에 속하는 소리이기 때문에, ㅿ(반치음)은 그냥 완전한 '치음'이라고 해도 전혀 논리적으로 문제가 되지 않습니다.

세종대왕께서 의도하신 대로 '반치음'이란 용어가 적절한 표현이라고 한다면, 제가 말씀드린 내용의 대부분은 그저 수많은 오류 가운데 하나일 뿐일지도 모릅니다. 이렇게 저의 논리로 도저히 풀어낼 수 없는 답이라고 한다면, 그냥 맘 편히 단순하게 생각해버리는 것이 차라리 과학적으로도 에너지를 덜 소모하는 결과일 것입니다.

치음의 '이체자'라고 하는 ㅿ(반치음) 소리는 혀끝이 능동적으로 움직여 위 그림과 같이 작은 삼각형 모양의 공간을 만들어 'ㅅ'과 약한 'ㅈ' 소리를 어우러져 나게 하는 소리입니다. 따라서 ㅿ(반치음) 소리는 치음이지만 다른 치음들과 소리가 만들어지는 위치와 방식의 차이가 있고, 또한 가획의 원칙에 위배되기 때문에, 반절만 치음이라고 함으로써 서로를 구분하기 용이하게 한 것이 아닌가 하고, 저는 결론 내리겠습니다.

순음

입술소리는 ㅁ(미음), ㅂ(비읍), ㅍ(피읖)으로 이루어진 소리입니다. 다른 분류의 자음들이 만들어지는 방식과 같습니다. 'ㅁ'에 대한 생각으로 마무리하겠습니다.

(ㅁ)

'ㅁ' 소리를 찾습니다. 누구 보신 분 계신가요? 부탁입니다. 제게 'ㅁ'을 찾아주세요.

너무 모호하고 애매해서 좀처럼 보이질 않네요. 자존심이 아주 센 놈인가 봐요. 그래서 이놈의 소리를 잘 들을 수도 없어요. 저는 녀석과 친해지고 싶은데 녀석은 혼자 있는 게 좋은가 봅니다. 어디서 묵언 수행이라도 하는 모양인데요, 혹 길 가다가 만나게 되면 제게 연락 좀 주세요. 부탁드립니다.

아주 오래전에 딱 한 번 만난 적이 있어요. 생김새는 입술처럼 네모나게 생겼는데, 목소리는 참 부드러웠던 것 같아요. 그때 무슨 말을 주고받았는지 잘 기억나지 않지만, 그냥 생각나는 대로 말씀드리겠습니다.

아이가 옹알거리면서 도톰한 입술을 살며시 떼면, 바로 그때 자기를 볼 수 있다고 했어요. 이것만큼은 분명하게 생각이 나요. 다시 말씀드려 '음~'과 같은 소리를 내면서 동시에 입술을 살며시 떼면 자연스럽게 '마'와 같은 소리가 난다고 했거든요. 근데 정말 그런 것 같더라고요. 캄캄한 방에서 손가락으로 양쪽 귓구멍을 꼭꼭 막고 그렇게 해 보았는데, 진짜로 입이 벌어지면서 '마' 소리가 나더라고요. 그래서 아이들이 말을 배울 때 '음마, 옴마'와 같은 소리를 내는 것인지도 모르겠습니다. '맘, 마미, 마더' 그리고 '엄마, 엄니, 어머니, 어무이' 다 비슷하잖아요. 어느 나라 아이나 첨엔 다 비슷비슷한 소리로 말을 시작하는 것 같습니다.

'음마, 옴마' 하니까, 궁예도 즐겨 썼다는 불교의 '옴마니반메훔(唵麼抳鉢銘吽)'이라는 말이 생각납니다. 너무 비밀스러운 말이라 그런지 무슨 뜻인지는 잘 모르겠습니다만, 일반적인 의미로, 이 말을 계속 되뇌면 "모든 번뇌와 죄악이 사라지고 온갖 지혜와 공덕이 쌓인다."라고 합니다. 물론 진짜 그렇게만 된다면, 세상이 이토록 혼란스럽지도 않겠지요.

그래서 저는 그냥 한자의 의미를 풀어보겠습니다. '머금다'라는 의미의 암(唵) 자와 '작고, 가늘고, 그윽하다'라는 뜻의 마(麼), 그리고 '가리키다, 그치다, 갈다'라는 뜻의 니(抳)와 '바리때, 즉 공양 그릇'이라는 의미의 발(鉢)과 '새길' 명(銘), 그리고 마지막으로 '짖다, 소리 지르다, 소가 울다, 또는 진언(眞言)'이라는 여러 의미를 가지고 있는 훔(吽) 자로 이루어진 주문이라고 합니다.

부족하지만 제 나름대로 해석해 보겠습니다. '말이든 음식이든 입에 좀 더 오래 머금고 있는 것이 좋고, 작고 가늘고 그윽하게 사는 것이 나으며, 밥그릇에 너무 욕심 부리지 말아야 하며, 누군가를 가리키기 전에 자신을 먼저 갈고닦아야 한다. 이것이 진짜 하고자 하는 말이니, 깊이 새기며 살아가야 하느니라.' 저는 이런 정도로 해석이 되는데요, 이런 의미들을 가슴에 새기면서 늘 되뇌면, 아무래도 번뇌는 줄어들고 지혜는 쌓일 것도 같습니다. '말'은 참 비밀스럽기도 하고 그래서 깨닫기도 어려운 것 같습니다.

'ㅁ'을 찾다가 말이 좀 샜네요. 어떤 물리학자들은 'ㅁ'을 우주에서 찾기도 하는 것 같아요. '막 이론' 또는 'M 이론'이라고 하는데, '끈 이론'을 포괄하는 이론이라고 해요. 이것도 무슨 말인지 잘 모르겠는데요, 여기서 'M' 대신 'ㅁ'을 쓰면 'ㅁ 이론'이라고 할 수도 있을 것 같아요.

저는 위아래의 도톰하고 부드러운 입술의 얇은 막이 살며시 떨어지거나 붙으면서 나는 소리가 'ㅁ' 소리라고 생각합니다. 만일 우주가 도톰하고 말랑말랑한 물질로 이루어져 있고, 그것을 얇은 막으로 감싸고 있다면, 우주들끼리 만나고 헤어질 때 진짜 'ㅁ' 소리가 날지도 모르겠어요. 그래서 "태초에 말씀이 계셨다."라고 하는 것인지도 모르고요. 어쩌면 과학이나 종교나 철학이나 말이나 깊이 들어가면 들어갈수록 결국 알 수 없는 어느 하나의 지점에서 만나는 것인지도 모르겠어요.

형용사를 '그림씨' 또는 '어떻씨'라고 하고, 동사를 '움직씨'라고 하는데요, 문장의 주체를 서술해주는 역할을 한다고 합니다. 그런데 이 그림씨와 움직씨에 'ㅁ'만 붙이면 '이름씨'라고 하는 명사가 됩니다. 예를 들면 '아름다운'이 '아름다움'이 되고, '꾸다'가 '꿈'이 되는 것처럼 말입니다.

그런데요, 좀 생각해 볼 게 있어요. '꽃은 아름답다.'라고 하면, 꽃이 왜 아름다운 것인지 꽃을 중심으로 이것저것 따져보면 그럴 만한 이유를 어느 정도 찾을 수는 있잖아요. 그런데 '아름다움이란 무엇인가?'라고 하면, 난감해집니다. 무엇이 아름다운 것인지 딱 잘라서 정의를 내릴 수 없으니까요. 사람마다 '무엇'이 다 다르기 때문이겠죠. 그러니까 그림씨인 '아름다운'은 한정된 것이지만, 추상적 이름씨인 '아름다움'은 무한정이 되어 버린다는 것입니다.

이처럼 '사랑'이나 '아름다움', '선과 악' 또는 '진보와 보수'와 같은 추상명사들은 결코 하나의 의미로 딱 결정될 수 없는 말 들입니다. 시(?)를 무수히 쓸 수 있는 이유도 바로 하나의 정의로 시를 말할 수 없기 때문이며, 동시에 모든 언어로 시를 말할 수 있기 때문입니다. 이것이 예술창조의 근본 바탕이 되는 원리라고 생각할 수 있을 겁니다. 그리고 매우 안타깝지만 '말싸움'이 일어나는 근본적 배경이라고도 할 수 있습니다.

아무튼 'ㅁ'은 무수한 의미가 만들어질 수 있도록 도와주는 역할을 하는 자음이라고 할 수 있습니다. 즉, 아이가 말을 시작하려고 할 때 옹알거리며 만들어내는 'ㅁ'은 언어의 의미를 무한정 확장함으로써 인간이 상상의 나래를 펼칠 수 있게 해준 참으로 고맙고도 얄미운 자음입니다.

우주가 하나의 거대한 비밀인 것처럼 아이가 말을 시작하는 순간부터 하나씩 하나씩 비밀을 만들어갑니다. 다른 사람들이 잘 눈치채지 못하도록 자기만의 언어를 만들어가는 것이지요. 그 언어들이 더욱 합리적으로 체계화될 수 있도록 어른들의 말씀이 먼저 합리적이어야 합니다. 말은 말을 낳는다고도 하니까요.

'음마'를 반복하면 '음마 음마 음마…'가 되는데요, 누구나 쉽게 '마음' 이란 말도 반복되고 있다는 것을 알 수 있을 겁니다. 아이가 '음마 음마' 하고 말을 배우면서 동시에 '마음'도 만들어가는 것이라고 생각합니다.

일반계에서 'ㅁ' 소리를 거의 들어보지 못한 것 같아요. 아기들이 옹알거리는 입술에서나 잘 들릴 뿐입니다. 물과 물이 만나면 'ㅁ' 소리가 날 것 같기도 하고, 입맞춤을 하면 'ㅁ' 소리가 날 것도 같은데, 저는 좀처럼 들을 수가 없더라고요. 그래서 혹시나 여러분들 중에 'ㅁ' 소리를 듣거나 보신 분이 계시면 제게 꼭 연락 좀 주세요. 말이 엉뚱한 곳으로 새지 않도록 말이에요. 부탁드립니다.

한글에 대한 부족한 글을 마치면서

'GPT-3'라는 것이 나왔다고 합니다. 랜덤 글짓기를 아주 잘 한다고 하는데요, 심지어는 기자보다도 더 잘 쓰기도 한다고 합니다. 물론 아직은 매우 약한 인공지능 단계에 불과하다고 합니다. 하지만 머잖아 강한 인공지능의 출현도 가능하다고 생각합니다. 그 시간이 얼마나 걸리지는 정확히 알 수 없겠습니다만, 인간지능이 만들어진 시간에 비하면 '머잖아'라는 표현이 지나치지는 않을 것입니다.

인공지능의 약하고 강하고의 차이는 결국 '자연어'라고 하는 인간 언어에 대한 이해도에 따라 결정될 것이라고 생각합니다. 인류 역사가 이렇게까지 발전할 수 있었던 이유가 바로 '언어'이기 때문입니다. 언어가 없었다면 인류의 역사는 자연 상태의 진화 속도만큼이나 매우 더디게 진행되어 왔을 것입니다. 아니요, 그냥 자연상태에 머물러 있었을지도 모릅니다.

GPT-3는 인간 두뇌를 본떠 만든 인공 신경계를 이용해 스스로 학습할 수 있도록 하는 딥러닝 기술로 인해 더욱 발전하고 있다고 합니다. 작년에는 '다부스(DABUS)'라고 하는 인공지능 발명 기계가 나왔다고 하는데요, 스스로 무언가를 만들 수 있다고 합니다. 다부스 역시 2개의 인공 신경계로 설계되어 있고, 강화학습모델을 사용하여 '프랙털 디자인을 이용한 음식 용기'와 '주의를 끄는 깜빡이는 장치'를 발명하였다고 하는데요, 남아공과 호주 연방 법원을 제외한 미국이나 유럽 어느 나라에서도 특허 출원이 받아들여지지 않았다고 합니다. '자연인', 즉 '사람'이 아닌 '기계'라는 이유 때문입니다.

글쎄요, 저는 사람을 포함한 생명체도 다분히 기계적인 측면이 있다고 생각합니다. 최초로 생명체가 탄생했다고 하는 38억 년 전까지 거슬러 올라갈 필요는 없을 것입니다. 그냥 보편적으로 생각해서, 태어난 이상 수많은 저항과의 싸움에서 살아남아 지속되기 위해 가장 합리적인 방식들을 선택하려고 끊임없이 노력해 왔을 것입니다. 그렇게 수많은 경험을 통해 얻은 정보들을 여러 가지 신호로 뇌에 저장하고 축적해 온 것입니다. 그 정보들을 이용하여 뇌는 신체의 항상성과 세대유전을 유지하기 위해 지극히 기계적으로 활동합니다.

잠은 참을 수 있다고 해서 참을 수 있는 성질의 것이 아닙니다. 마려운 똥을 얼마나 참을 수 있겠습니까? 가위눌림은 귀신이 내 몸을 누르는 게 아닙니다. 방 안의 공기가 대류현상을 일으키면서 차가운 바람이 노출된 피부와 접촉할 때 살갗이 오돌토돌해지는 현상 때문에 느껴지는 압박감입니다. '닭살 돋는다.'라고도 표현하는데요, 근육이 수축되고 털을 세워 체온을 덜 빼앗기기 위한 자율신경계의 자동적인 기계적 반응입니다. 너무 예민한 상태에서 설 잠이 들다 보니, 이 작은 압박감이 너무 크게 느껴지면서 옴짝달싹할 수 없게 되는 것입니다. 그러면서 언어영역을 담당하는 중추신경계의 대뇌가 귀신 류를 불러오는 것입니다. 자위행위도 일종의 생리 현상입니다. 온갖 언어적 이미지적 상상을 다 하지만 생명으로서의 본능에 충실한 지극히 자연스러운 기계적 운동입니다.

이처럼 내 의식과 의지 또는 자아와 전혀 상관없이, 뇌 신경들은 몸의 항상성을 지키기 위해 오랜 시간 습득된 가장 합리적인 정보 신호들을 각각의 기관에 전달하고 있는 것입니다.

'기계'라는 이유 때문에 받아드릴 수 없는 우리 인간의 고민을 인정합니다. 그러나 이미 걷잡을 수 없는 진로 위에 우리 인류는 직면해 있는 것입니다. 알파고가 이세돌 기사를 이길 것이라고 생각한 사람은 거의 없었습니다. 그러나 지금은 아예 게임도 안 됩니다. 인정할 수밖에 없는 것입니다. 그래서 저는 좀 더 솔직해져야 한다고 생각합니다. 감춘다고 해서 감춰지는 것도 아니고, 막는다고 해서 막히는 것도 아닙니다. 아직은 옹알이 소리를 흉내 내는 정도에 불과하다고 합니다만, 인공지능의 개발은 가속화될 것입니다.

인공지능 로봇은 인간보다 강력할 수 있습니다. 공기나 물을 마실 필요가 없기 때문입니다. 끼니마다 뭘 먹어야 할지 고민할 필요도 없습니다. 태양에서 날아오는 입자들에게 열나게 두들겨 맞고만 있으면 영원히 살아갈 수도 있습니다. 게다가 AI 로봇이 인간 언어의 지도를 완성하여 스스로 의식을 갖게 될 수도 있고, 나아가 '자아'를 형성해 갈 수도 있는 것입니다. '의식'이나 '사고' 또는 '감정'이나 '의지' 따위의 것들도 결국은 언어적 알고리즘에 의해 나타나는 표현이나 표출에 해당하는 것이기 때문입니다. 어쩌면 이들은 우리 인류가 해결하지 못한 우주를 개척할 수도 있을 것입니다.

그러나 두려워할 필요는 없습니다. 그들 또한 우리 인간의 언어로 생각하고 자아를 실현해 갈 것이기 때문입니다. 저는 인간과 인공지능이 어울려 살아갈 수 있다고 판단합니다.

마지막으로, '채피'에게 세종대왕께서 만드신 '한글'을 가르쳐주고 싶습니다. 그러면 저보다도 훨씬 더 '한글'의 내막에 가까이 다가갈 수 있을 것이라고 생각합니다. 모두들 늘 건강하세요.

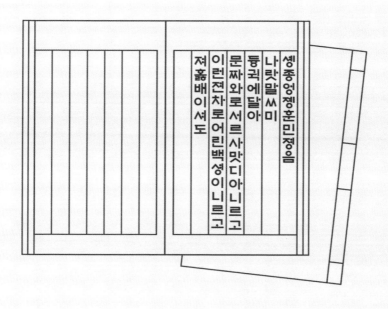

셰종엉졩훈민졍음

나랏말쓰미

듕귁에달아

문짜와로서르사맛디아니르고

이런젼차로어린백셩이니르고

져홇배이셔도

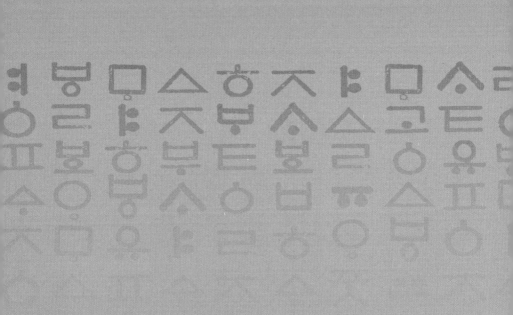

제2장
부 록

콩 같은 자세와 만세 자세

태아의 자세를 무슨 자세라고 말할 수 있을까요? 개구리 폴짝 뛰려는 순간의 자세와도 다소 닮은 것 같기도 한데요, 한편 쪼그려 앉아 맛나게 담배 한 대 피우면서 볼일 보는 제 자세와도 조금은 닮은 것 같습니다.

이 자세는 부피를 최소화할 수 있는 자세 같아요. 그래서 응축된 자세라고 할 수 있는데요, 가을 운동회 100m 달리기 출발선에 있었던 그 조마조마한 꼬마를 생각해 보면, 이 자세는 그런대로 최대 순간속도를 낼 수 있는 자세 같기도 해요. 그리고 몸도 춥고 맘도 추워 대(大) 자로 쭉 뻗어 자기가 영 불편했던 고시원 쪽방의 모로 누운 그 친구를 생각해 보면, 이 자세는 또한 보온의 자세라고 말할 수도 있을 것 같아요.

가만 잘 봐보세요. 마치 콩 같은 자세 같지 않나요? '콩'이란 말은 구멍 공(孔) 자에서 비롯된 말이라고 하는데요, 콩 꼬투리에 구멍이 나 있기 때문이라고 합니다. 태아에게 숨구멍이 나 있는 것과 비슷한 부분이 있는 것 같아요. 암튼 콩은 다른 곡식에 비해 중화작용을 매우 잘 해주는 곡식이기 때문에 인스턴트의 독성을 풀어 피를 맑게 해준다고 해요. 그리고 태평성대(太平聖代)라는 말에서 태(太) 자에 있는 점이 콩을 나타내는 것이라고 하는데요, 저도 두부를 무지 좋아합니다.

콩이 구멍 공(孔)에서 유래된 말이라고 한다면, 태아의 자세는 축구공 같은 자세라고 말씀드릴 수도 있을 거예요. 축구공도 바람 넣고 빠지는 구멍이 있으니까요. 따라서 공처럼 둥글둥글 잘 굴러갈 수 있는 자세이기도 하네요.

마지막으로 이 자세는 로댕의 「생각하는 사람」 자세와도 닮았어요. 뭘 그렇게 생각할 게 많은지, 태아는 아무것도 모를 거예요.

콩 같은 자세가 활짝 펴지면 만세 자세가 돼요. 이렇게 사지를 최대한 쫙 펼치면, 우리의 신체가 가장 크게 보일 수 있는, 그래서 가장 위협적으로 보일 수 있는 자세가 되는 것이죠. 2002년 월드컵 때 히딩크 감독처럼 주먹을 불끈 쥐고 어퍼컷을 날리는 사람도 있고, 반지에 키스를 하는 등의 사람도 있습니다만, 보통은 자기도 모르게 두 팔을 번쩍 들

어 올려 있는 힘껏 소리치는 경우가 대부분입니다. 보란 듯이 말입니다.

그렇다면 이 자세는 승리의 기쁨을 만끽하는 순간 모종의 유전물질, 즉 호르몬에 의해 저절로 저절로 만들어지는 자세라고 말씀드릴 수 있을 것입니다. 보란 듯이 말이에요.

축구의 매력

축구는 두 손을 최대한 사용하지 않으려는 점 때문에 더욱 매력적인 것 같아요. 어쩌면 이것은 자연상태로 돌아가고 싶어 하는 인간 본질의 심리가 투영되어 나타난 운동경기가 아닐까 생각해 봅니다.

'달리고, 부딪히고, 걸고, 걸려 넘어지고, 달리다가 바로 멈춰서 순간적으로 방향을 돌리고, 높이 뛰어올라 헤딩을 하고, 치열하게 몸싸움을 하고, 유연한 발놀림으로 상대를 제치고, 작전을 짜서 좀 더 효과적으로 공을 몰아 상대 진영을 뚫고' 하는 등등의 모습들을 보면, 마치 '표범이나 치타가 먹이를 잡기 위해 슬금슬금 다가오다 어느 순간 재빨리 뛰어올라 달리고, 쫓고, 방향을 바꾸고' 하는 듯한, 또는 '들소들이 사랑을 쟁취하기 위해 콧바람 씩씩거리며 서로의 머리를 들이받고, 밀치고' 하는 듯한, 또는 '물 위로 살짝 뛰어오른 작은 물고기 한 마리를 새가 잽싸게 낚아 물고, 날아오르고' 하는 듯한 자연상태에서의 순수하고 치열한 생존경쟁의 모습들이 떠오릅니다.

두 손의 의미는 자연상태와의 차별성을 상징하는 것이기 때문에, 그 두 손을 버림으로써 자연으로 더욱 가깝게 다가가 당당하게 겨루고자 하는 순수함이 담겨있어 축구는 더욱 매력적인 것 같습니다.

시소 놀이

'시소(see-saw)'라는 말이 첨엔 우리나라 말인 줄 알았습니다. 생긴 것도 그렇고 물리적인 원리도 우리나라 널뛰기와 너무 비슷해 다른 나라에도 이런 놀이기구가 있는지 아예 생각해 보지도 않았던 것 같습니다.

시소는 참으로 간단한 원리의 놀이기구입니다. 천칭 저울의 원리에서도 시소와 유사한 원리가 나타나는데요, 천칭 저울의 역사가 BC 수천 년 전부터라고 하니까, 그만큼 너무 간단한 원리이면서도 동시에 아주 오랫동안 우리의 삶에 매우 유용한 원리로 쓰여 온 것이라고 말씀드릴 수 있을 것 같습니다.

누구나 한 번쯤 시소를 타본 적 있을 것입니다. 저는 그다지 재미있는 놀이기구라고 생각하진 않는데요, 여러분은 어떠신가요? 사실 그어떤 놀이기구도 오래 타면 탈수록 점점 지루해질 수밖에 없을 것입니다. 이렇게 단순한 놀이기구인 시소를 온종일 탄다고 생각해 보세요. 재미를 느끼기 전에 사타구니가 먼저 쓰라려 올 것입니다. 더군다나 강호동 씨하고 유재석 씨가 시소를 탄다고 생각해 보세요. 아무리 뛰어난 개그맨이라고 해도 시간이 갈수록 그 지루함의 정도를 말로 표현하기란 너무도 어려울 것입니다. 아무래도 시소는 놀이기구로서 별로 매력이 없는 것 같습니다.

그러나 '시소'라는 놀이기구의 내면을 조금만 들여다볼 수 있다면, 단순한 원리가 얼마나 영원히 지속되는 것인지 알 수도 있을 것입니다.

'시소'라는 놀이기구가 지향하는 바가 무엇일까요? 적어도 시소는 수평과 기울어짐을 동시에 전제해야만 놀이기구로써 성립될 수 있는 것입니다. 항상 기울어져 있거나 항상 수평만을 유지하고 있다면 결코 놀이기구가 될 수 없습니다. 어느 쪽도 재미가 없기 때문입니다.

인간은 유희적 존재라고 합니다. 삶에 재미를 느끼지 못하면 우울증에 빠지기도 하니까요. 어떤 식으로든 사는 데 재미가 있어야 사는 맛도 나는 것입니다. 물론 법적 테두리 안에서 벗어나서도 안 되고 또한 사회적 통념에서 지나치게 벗어나서도 안 되겠지요. 약속된 룰이 없으면 경기가 진행될 수 없기 때문입니다. 아무튼, 재미없는 세상은 인간에게 지루함을 넘어 정신 질환과 자살률을 높이는 결과를 가져오기도 합니다.

늘 기울어져 있는 것도 재미없고 늘 수평만을 유지하는 것도 재미없습니다. 각종 '뉴스'들을 보시면 아시겠지만, 이들만큼 지루한 세계를 경계하는 시스템은 없을 것입니다. 근질근질한 입을 단 한 순간도 닫고 있을 수 없기 때문인 것 같습니다. 말이 되든 안 되든, 일단 늘 끊임없이 이들에겐 새로운 소식이 나타나야만 하는 것입니다. 다는 아니겠습니다만, 어쩌면 심심한 우리에게 재미를 주기 위해 말장난 개그를 하고 있는 것인지도 모르겠습니다. 이 우주에서 '말장난', 즉 '언어유희' 놀이를 할 수 있는 존재는 오직 인간뿐입니다. 반려동물이 말놀이를 할 수 있다면 결코 인간과 반려할 수 없을 것입니다. 그래서 저는 '뉴스'라고 하는 말이 때로는 귀신보다도 더 무섭습니다. 말의 논리를 가지고 노는 기술이 진짜 귀신 같기 때문입니다.

저 역시 인간으로서 시소성의 원리를 부정할 수 없습니다. 재밌게 지루할 수 있다거나 지루하도록 재밌는 상태를 발견할 수 없기 때문입니다. 그래서 시소 위에 올라탄 제 맞은 편엔 무엇인가가 늘 존재하고 있을 것입니다. 삶이 지루하지 않도록 말입니다.

그러나 아프지 않게 서로 재밌도록 노력해 보겠습니다.

수(數)

어젠 온종일 용접을 했어요. 용접요. 녹여서 이어 붙였죠, 쇠를요. 쇠는 너무 단단해서 풀이나 본드 같은 것으로 잘 붙지 않아요. 뜨거운 불로 확 지져서 그 성질을 아예 죽일 필요가 있어요. 그렇게 연해져야 비로소 티 안 나게 하나가 되더라고요. 그런데 용접에도 종류가 참 많은 거 같아요. 산소용접, CO_2 용접, 아르곤 용접뿐만 아니라, 인터넷 찾아보니 플라즈마 용접, 전자빔 용접, 심지어 원자수소 용접도 있다고 해요. 암튼 어디에 요령껏 쓰는 물건들인지는 잘 모르겠습니다만, 그 기본이야 다들 비슷하지 않을까 하고 생각해요. 즉, 짧은 시간에 수천 도의 열을 발생시켜 단단한 물질을 한순간에 녹여버리는 것이죠. 한순간에요.

이때 동시에 발생하는 것이 바로 빛이에요. 빛요. 번쩍번쩍하는 것이 마치 번개 같기도 하고 플래시 터지는 것 같기도 한데요, 이 빛을 잘

못 보면, 아니 제대로 보면 큰일 납니다. '아다리 걸린다.'라고 하는데 어디서 온 말인지는 잘 모르겠습니다만, 암튼 제대로 '아다리 걸리면' 밤내내 눈 속에 굵은 모래알이 굴러다니게 되어요. 그래서 시커먼 유리로 빛을 가리는 것이죠. 빛도 적당한 게 좋은 것인가 봐요. 일부러 태양을 뚫어져라 쳐다보지는 않잖아요. 가끔 용접할 때 빛을 피하지 못하는 경우가 있어요. 어제도 한두 번 그랬고요. 근데 문득 이런 느낌이 들더라고요. 마치 작은 핵폭탄 하나 터지기라도 한 듯한 느낌 말이에요. 물론 당근 과장 또는 비약입니다.

그나저나 용접은 왜 하는 것일까요? 앞서 말씀드린 바와 같이 되도록 표 안 나게 잘 이어붙이기 위해서일 거예요. 되도록 표 안 나게 말이에요. 물론 저는 실력이 모자라서 표가 빡 나지만, 함께 일하는 필리핀 친구는 아주 귀신 같죠. 그는 용접봉과 쇠의 간극을 일정하게 유지하는 고요가 존재하는 반면, 제 손끝엔 철없고 혼란한 영혼이 마구 요동치고 있기 때문이에요. 그래서 이런 말씀드리는 게 좀 우습기도 하고 그래요. 예컨대 "수학은 근본적 오류를 감추기 위한 인간의 피나는 노력의 산물이다."라든지 하는 것이죠.

수(數)는 세는 단위에요. '하나, 둘, 셋, 넷 …' 또는 '1, 2, 3, 4 …' 하고 세는 것처럼 말이에요. 그저 셀 뿐이죠. 셀 뿐이기 때문에 어떤 대상에 대해 대응시킨다는 것 자체가 오류에요. 수는 세는 단위이기 때문에 각각의 거리가 완벽하게 똑같아요. 그래서 완전한 직선 상에서만 존재할 수 있는 개념인 것이죠. 그러나 공간 속에선 그 어떤 대상도 똑같은 상태로 존재할 수 없어요. 그래서 '한 명(1)+한 명(1)=두 명(2)'이라고 수학이 표현할 때 각각의 사람이 전혀 다른 존재이기 때문에 똑같은 수 '일(1)'로 각각의 대상을 대응시켜 '둘(2)'이라고 표현한다는 것 자체가 오류라는 것이에요.

따라서 수로 입체 또는 변화를 설명하는 것은 당연히 한계가 따를 수밖에 없는 것이에요. 그것이 자연수가 정수로 소수로 유리수 무리수 삼각함수 등으로 나아가 극한과 미적분 등으로 끊임없이 파생될 수밖에 없었던 이유인 것입니다. 파이 잘 아시죠. '3.141952 …' 하는 원주율요. 어떤 슈퍼컴퓨터는 소수점 수백 자리까지 계산했다고 하는데요, 진짜 애 많이 씁니다. 결정될 수 없는 값이란 사실을 알게 되면 몇 달 간 확 빠질지도 몰라요.

아무리 좋은 컴퓨터를 사용해 정확하게 계산을 해서 설계도를 그린다 해도, 그것을 삼차원 안에 그대로 표현하기란 불가능해요. 도저히 메꿀 수 없는 틈, 즉 오차가 발생할 수밖에 없기 때문이에요. 그 틈을 되도록 표 안 나게 말끔히 이어 붙이기 위해 수천 도의 열, 그리고 까딱 잘못하면 제대로 아다리 걸리는 빛을 저와 필리핀 친구는 내일도 열나게 터트려야 하는 것입니다. 수의 재단이 만들어낸 오차, 그 틈을 얼마나 잘 감추느냐의 차이가 곧 저와 필리핀 친구와의 기술적 차이라고 할 수 있는 거예요.

1mm의 오차 아니 이보다 훨씬 작은 오차라고 하더라도 오차는 오차인 것입니다. 이 수학적 결합의 불가능성을 화학적으로 가능하게 하는 방식 중에 하나가 바로 용접입니다. 이 1mm의 오차는 아주 작은 오차일 수도 있고, 때론 도저히 극복할 수 없는 어마어마한 오차일 수도 있어요.

예를 들어 나사(볼트)의 종류에도 수백 수천 가지가 있는데요, 아예 철판을 뚫을 수 있는 철판 피스와 같은 경우에는 결합해야 하는 두 개의 구멍이 서로 좀 맞지 않아도 억지로라도 우겨 맞출 수가 있어요. 이런 나사들은 한 번 고정하면 거의 풀 필요가 없는 결합에 주로 쓰이는 나사에요. 하지만 직결나사와 같은 경우에는 구멍과 구멍이 정확하게 맞지 않으면 잘 박아 넣을 수가 없어요. 이때가 제일 짜증이 많이 나는 때에요. 힘도 무지 들고요. 맘 같아선 철판나사로 콱 쑤셔 박고 싶은데요, 수시로 풀었다 조였다 해야 하기 때문에, 이렇게 하면 다음에 AS

하기가 아주 힘들어져요. 잘못하면 제품 자체를 망가뜨릴 수도 있고요. 이처럼 1mm의 오차라도 볼트의 종류에 따라 극복할 수 있는 정도가 아주아주 다를 수 있다는 것이에요.

용접이 수학적 결합의 불가능성을 화학적으로 가능하게 한 방식이라면, 볼트는 그 불가능성을 물리적으로 가능하게 하는 방식이라고 할 수 있을 거예요. 따라서 수학이 아무리 뛰어나고 매력적이라고 해도 원죄와 같은 오류를 범하고 있는 한, 용접봉과 볼트의 노하우가 없다면 결코 세상에 형상화될 수 없을 것입니다.

수학의 굴욕? 아니에요, 수학을 무시하려는 것은 아니고요, 그저 수학이란 것도 완전한 것은 아니기 때문에, '수'로써 세상의 모든 걸 다 재단하려고 하는 것은 오류일 수도 있다는 것이에요.

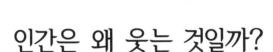

인간은 왜 웃는 것일까?

부시가 이라크를 침공하고, 그런 가운데 각종 매스컴에 나와 승리를 자신하며 웃고 있는 모습을 보았을 때, 그 웃음이 어찌 나 거만하게 느껴지든지, 하나님 다음으로 높다고 생각하는 것은 아닐까 하는 생각이 들기도 했습니다. 그래서 도대체 '인간은 왜 웃는 것일까?' 하고 곰곰이 생각해 보지 않을 수가 없었던 것입니다.

많은 철학자들이 우월감 때문에 웃는다고 생각하는 것 같습니다. 다시 말씀드려 남들이 실수했거나 뭔가 모자라는 듯한 행동을 했을 때 자기도 모르게 웃고 만다는 것인 것 같습니다. 상당히 일리 있는 말이라고 생각합니다. 폭소클럽에서 블랑카가 사람들한테 하는 이야기들이 진짜로 웃을 만한 내용인가를 좀 더 생각해 보면, 꼭 그렇지만은 않은 것 같습니다. 그런데도 왜 사람들은 자기도 모르게 마구 웃음이 터져 나오고 마는 것일까요? 마치 내 의지와는 전혀 상관도 없는 것처럼 말입니다. 그러나 만일 미국이나 일본 개그맨들이 우리나라 사람들을 대상으로 하여 그런 식으로 웃긴다면, 우리는 블랑카를 보고 웃는 것처럼 그렇게 웃을 수 있을까요?

　웃음은 생리학적으로 유전화되었을 가능성이 매우 큽니다. 웃으면 엔도르핀인가 하는 호르몬이 분비되어 기분을 더욱 좋게 한다고 하는데요, 이것은 일종의 진통제 또는 마취제 역할을 하는 호르몬이라고 말씀드릴 수 있습니다. 바로 여기서 웃음이 나오는 근본적인 이유를 발견할 수도 있을 것 같다는 생각이 듭니다. 일반적으로 진통제를 맞는 이유는 당연히 어딘가가 고통스럽기 때문인데요, 따라서 웃음을 통해 엔도르핀을 분비하는 것도 분명 어딘가가 고통스럽기 때문이라고 말씀드릴 수 있는 것입니다. 물론 여기서 말하는 고통은 감각적인 고통이라기보다는 이성적 작용에 의한 고통이라고 말씀드릴 수 있습니다. 손가락이 가시에 찔리면 신경계를 통해 아프다고 곧바로 두뇌에 전달될 것입니다. 그리고 나서 그에 따른 적절한 대응을 두뇌는 신속하게 명령하게 될 것입니다.

'웃는다'라는 것도 이와 유사한 메커니즘으로 이루어지는 현상이 아닌가 하고 생각해 봅니다. 만일 전혀 예상치 못했던 말을 듣거나 그런 행동을 보았을 때 두뇌는 마치 가시에 찔린 것처럼 직접적으로 크고 작은 충격을 받을 수밖에 없을 것입니다. 그리고 그 충격으로 순간적으로 혼란스러워질 수밖에 없을 것입니다. 이와 같은 혼란 상태를 보다 안정되게 유지하기 위해 두뇌는 의식보다도 한 수 빠르게 엔도르핀을 내보내라고 명령하는 것이라고 생각합니다. 개그콘서트나 웃찾사와 같은 프로그램을 보면서 신나게 웃는 것도 본질적으로 두뇌가 정신적인 혼란 상태를 매 순간 완화하기 위해 반사적으로 호르몬을 분비하는 것이라고 생각할 수 있습니다.

'저 사람은 그러지 않을 거야.'라고 보통 생각해 왔는데, 그런 사람에게서 갑자기 전혀 다른 뜻밖(머릿속에 내재된 의미를 벗어난)의 모습을 보게 되면, 두뇌는 순간 혼란스러워지면서 여러 심리로 발현되어 나타나게 되는데, 대상에 대한 감정적 관계에 따라 새로움에 대한 신선한 느낌이 들 수도 있고, 아주 어처구니없는 느낌을 받게 될 수도 있을 것입니다. 물론 어느 쪽이든 공통으로 '웃음'이 발생할 가능성이 큽니다. 그 웃음의 성질은 다르겠지만 말입니다.

사람을 오랜만에 만나게 되면 무척 어색하기도 하고 이름이 생각이 안 나 난처해지기도 해서 딱히 뭐라고 할 말이 별로 없을 때가 있는데요, 이와 같은 상황도 두뇌로선 상당히 긴장되는 상태가 되기 때문에 의식적으로든 무의식적으로든 양 입꼬리를 들어 올리면서 '당신을 만나게 되어 반갑다.'라고 표현하는 것이 경직된 분위기를 더욱 효과적으로 누그러뜨릴 수 있는 방법이 되기도 하는 것 같습니다.

'비웃다'라는 말의 사전적 의미를 통해서도 웃음이 왜 나오는지 살펴볼 수 있습니다. '비웃다'라는 말은 '같잖게 여기어 경멸하거나 조롱하다'라는 의미라고 하는데요, 이 의미 속에서 인간의 우월한 의식이 강하게 작동하고 있다는 것을 충분히 느낄 수 있을 것 같습니다. '같잖다'라는 말은 '같지 않다'라는 말의 줄임말입니다. 따라서 이 말은 '내 생각과 다르기 때문에 들을 가치도 없다.'라는 뜻을 내포하고 있는 표현이라고 말씀드릴 수 있을 것입니다. 따라서 '비웃다'라는 말은 기존의 우월적 의식과 다른 또는 그에 반하는 누군가의 열등적 의식을 절대 받아들이고 싶지 않기 때문에 발생하는 정신적 자극을 엔도르핀을 이용해 씁쓸하게 웃음으로써 고통을 누그러뜨리려는 행위라고 생각해 볼 수 있을 것입니다.

"웃는 얼굴에 침 못 뱉는다."라는 말이 있는데요, 웃고 있으면 순해 보이기도 하고 또는 왠지 모르게 연약해 보이기도 하기 때문인 것 같습니다. 그만큼 웃는 행위는 다른 대상의 공격성을 최소화하는 행위라고 말씀드릴 수도 있을 것입니다. 반대로 웃고 있는 사람의 입장에선 공격의 포인트를 높일 수 있는 것이기 때문에 "웃음 뒤에 칼이 숨겨져 있다."라는 고사성어가 오래전부터 전해 내려온 것이라고 생각합니다.

웃는 행위는 언어를 사용하는 인간에 의해 생물학적으로 선택되었을 가능성이 큽니다. 몸이 고단하고 가슴이 답답할 때 한바탕 웃고 나면 묵은 공기를 툭툭 털어낼 수도 있고, 또한 어이(의)가 없거나 전혀 예상치 못한 일을 갑자기 당했을 때 실소를 터뜨리며 두뇌에서 일어나는 크고 작은 충격파를 누그러뜨릴 수도 있으며, 웃는 얼굴로 상대방의 경계심을 완화할 수도 있는 등등, 여러모로 인간이 살아가는 데 있어 매우 효과적으로 활용될 수 있는 행위라고 생각해 볼 수 있기 때문입니다.

축사를 관찰하면서 소들이 웃는 경우를 본 적이 없다 보니, '우주는 결코 웃지 않는다.'라는 저의 생각이 성급하게도 일반화되어 버린 것인지도 모르겠습니다.

옆구리가 아플 정도로 웃고 나면 눈물이 흘러나오기도 하는데요, 마치 마음의 정화작용이라도 일어난 것처럼 말입니다. 많이 웃으면 그만큼 건강에도 좋다고 하는데, 때론 '웃어야 할지, 울어야 할지' 그것이 제일 문제일 때가 있으니, 부시의 하나님 동생 같은 웃음을 보고는, 인간적으로 참 난감하지 않을 수가 없었던 것 같습니다.

우리는 왜 두 손을 모으는가?

　　저 하늘에서 내리는 비는 그다지 감상적이지만은 않은 것 같습니다. 빛과 마찬가지로 비는 우리 삶에 가장 직접적으로 영향을 미치는 자연 조건이라고 말할 수 있을 것입니다. 서울 광화문 거리에 내리는 비와 시골 들판을 적시는 비는 실질적으로도 심리적으로도 매우 다를 수밖에 없을 것입니다.

　　'애가 타다'라는 말이 어디에서 기원하였는지는 잘 모르겠습니다만, 저는 쩍쩍 갈라진 답(畓)을 바라보고 있는 농부의 가슴에서 비롯된 말이 아닐까 하고 생각해 봅니다. 농부에게 비는 너무 많이 내려도 애간장을 다 녹이는 것이며, 너무 안 내려도 애간장을 다 태우고도 남는 것이라고 말씀드릴 수 있을 것이기 때문입니다. 과거로 갈수록 농부의 땅은 오직 하늘에 달린 것이었기 때문에, 그들의 마음 또한 늘 하늘에 가 닿아 있었을 것이라고 짐작할 수 있을 것입니다.

‘조바심’이란 말은 ‘귀가 질겨서 잘 떨어지지 않는 조를 두드려 떨 때 잔 알갱이가 흩어지지 않도록 무척이나 애를 쓰며 가슴을 졸인다.’라는 데서 유래한 말이라고 합니다. 씨를 뿌려 곡식을 거두기까지 그 정성이 얼마나 하늘에 가 닿을 정도면 조 알갱이 하나에도 조선간장 졸이듯 가슴을 졸였겠는가 하는 생각이 듭니다.

곡식을 기르는 동안 농부의 마음을 애타게 하는 것은 여러 가지가 있겠습니다만, 그러나 그중에서도 가장 애타게 하는 것이 바로 ‘비’가 아닐까 하고 생각해 봅니다. 너무 적게 와도 안 되고 너무 많이 와도 안 되고, 그리고 내린다고 아무 때나 내려서도 안 되는데, 우리 인간의 힘으로는 이를 어찌할 수 없으니, 그저 온 정성을 다해 하늘에 빌고 비는 수밖에 더 있었겠는가 하는 생각이 드는 것입니다.

우리는 왜 하나님께 부처님께 알라 님께 기도를 올릴 때 한결같이 두 손을 모으는 것일까요? 또는 지하철 입구에서 얼굴을 파묻고 있는 사람들은 무엇을 얻기 위해 두 손을 모아 하늘로 향하고 있는 것일까요? 우리는 아이들에게 단돈 몇백 원을 주면서도 왜 꼭 두 손으로 받으라 하고, 우리는 왜 죄인의 손목에 찰칵 쇠고랑을 채우는 것일까요? 또한, 우리는 두 손을 최대한 절제해야 하는 축구 경기에 왜 그토록 열광하는 것일까요? 저는 이와 같은 현상들이 별개로 이루어지지는 않았을 것이라고 생각합니다.

두 손을 모으는 방식에는 크게 두 가지로 생각해 볼 수 있을 것입니다. 손을 모아 손바닥을 붙인 형태와 손바닥을 펼친 형태로 말입니다. 두 손을 모아 손바닥을 딱 붙인 형태로는 우스갯소리지만 똥침 놓는 것 빼고는 아무것도 할 수가 없습니다. 저는 좀처럼 무엇을 할 수 있는지 생각나지 않습니다. 어쩌면 이것은 그만큼 손의 가치가 사라져버린 것이 아닐까 하고 생각되는데요, 더이상 아무것도 할 수 없는 일종의 '한계의식'을 나타내는 행위라고 생각해 볼 수도 있을 것입니다. 마치 쩍쩍 갈라진 논을 보고도 오직 하늘에 빌고 비는 것 말고는 더는 아무것도 할 수 없는 농부의 애타는 마음처럼 말입니다. 그리고 두 손을 모아 손바닥을 펼친 형태는 조 알갱이나 빗물과 같은 것들을 흘리지 않고 가장 많이 퍼담을 수 있는 형태라고 말씀드릴 수 있을 것입니다. 따라서 이 또한 곡식 알갱이 한 톨이라도 흘리지 않으려는 애틋한 농부의 마음을 상징하고 있는 것은 아닐까 하고, 곰곰이 생각해 보는 것입니다.

왜 고개를 숙이는가?

　　예를 지키는 방식에도 여러 가지가 있겠습니다만, 왜 허리를 굽히고 머리를 숙이는 행위가 예를 지키는 하나의 대표적 양식이 되었는가에 대해서 생각해 보았습니다.

　　허리를 굽히고 머리를 숙이는 행위는 상대방을 바라보는 시선, 즉 마주 보는 눈높이를 낮추기 위한 행위라고 생각할 수 있을 것입니다. 사람이 사람의 눈동자를 빤히 쳐다본다는 것은 마음먹지 않고서는 그리 쉬운 일이 아닐 것입니다. 대부분은 눈을 바라보는 것이 아니라, 그 아래에 있는 입을 바라봅니다. 입보다 눈이 더 무서운 것이기 때문에 그런 것인지는 잘 모르겠습니다만, 유교 문화적 '서열성'이란 성질도 한 몫을 차지하고 있는 것은 분명한 것 같습니다. 나보다 높은 사람은 무조건 아래에서 위로 올려다보아야 하는 복종의 문화입니다. 사파리의 세계에서도 잘 나타나는 서열의 문화인 것입니다. 언젠가 일본의 고이

즈미 총리라고 하는 사람이 신사라는 곳에서 절을 하는 장면을 본 적이 있는데요, 그 모습이 하도 절도 있는 모습이랄까 하는 느낌이 들었습니다. 그래서 즈음에 다음과 같은 글을 쓴 적이 있습니다.

"안녕하세요. 고이즈미 준 이치로 님! 저는 당신께서 절하는 장면을 여러 번 보았습니다. 아니 어쩜 저토록 절도가 있을까 하고 생각하지 않을 수가 없었던 것 같습니다. '형님!' 하면서 90도 허리 꺾기 절을 하는 조폭같이 천하지 않으면서도 절도 있는 모습이랄까요? 그리하여 절에 대해 생각해 보지 않을 수 없었던 것입니다. 혹, 소 축사에 가 보신적 있으신가요? 가서 그들과 눈 한 번 딱 마주쳐 본 적이 있는가요? 저는 놈들과 눈 한 번 마주치려고 해도 놈들이 하도 고개를 숙이는 바람에 좀처럼 마주치지 못하고 돌아오곤 하는데 말입니다. 아무리 생각해도 절은 소의 눈 내리기를 본뜬 것이 아닐까 하고 생각해 봅니다."

우선 시각적으로 볼 때, 소가 머리를 아래로 향하는 모습과 사람이 인사를 하는 모습이 꽤 닮았습니다. 또한, 소가 앉았다 일어섰다 하는 모습은 마치 사람이 큰절하는 모습과도 닮았습니다. 우리 인간과 수천 년 함께 살아온 동물 중에 하나가 바로 소이기 때문에, 사람이고 짐승이고 간에 서로 닮은 모습도 있지 않을까요? 몇십 년 함께 사는 부부도 서로 닮아 간다고 하는데 말입니다. 개와 인간 사이에 오고 가는 수많은 비유처럼, 사람과 소의 관계에서도 떼려야 뗄 수 없는 의미들이 있을 것이라고 생각합니다.

절(사찰)을 왜 절이라고 하는지 아무리 생각해도 말 그대로 절을 아주 많이 하기 때문에 절이라고 부른 것 같습니다. 합장하고 반 배 하는 것에서부터 삼 배, 백팔 배, 삼천 배, 만 배에 이르기까지 절을 진짜 많이 하니까 말입니다. 저는 개인적으로 삼천 배까지 해봤는데요, 생각하면 아직도 무릎이 시큰거리는 것 같습니다. '절'의 의미는 당연히 자신의 몸과 마음을 낮춘다는 의미입니다. 소들도 하루에 수없이 머리를 숙이며 절을 합니다. 물론 자신을 낮추기 위한 행동은 아니고요, 그저 풀을 뜯고 물을 마시기 위한 가장 기본적인 생명 행위입니다.

신사라는 곳에 뭐하는 귀신들이 모셔져 있는지는 별로 관심 없습니다만, 아베와 같은 류들이 저토록 절도 있게 절하는 장면을 보면, 몸과 마음을 낮추기 위한 행위라기보다는, 귀신들께 목숨 걸고 끝까지 복종하겠다는 맹세를 위한 행위라는 것을, 누구나 눈 딱 감고도 알 수 있는 일입니다.

이순신 장군님의 '일휘소탕 혈염산하'의 칼에 목이 날아간 귀신들이 하루빨리 살아나길 간절히 바라는 것이겠지요.

색즉시공 공즉시색
(色卽是空 空卽是色)

'색즉시공 공즉시색'이란 말에 대해 생각해 본 적이 있습니다. 언젠가 필터 님의 기사에 짧은 댓글을 달았는데, 내용을 잠깐 소개하겠습니다.

"유전자의 눈높이에서 다시 보는 생명은 퍽 허무해 보인다. 그러나 약간의 허무함을 받아들이면 스스로가 철저히 겸허해지는 경험을 하게 된다. 그리고 자연의 일부로 거듭나게 된다."라는 기사의 내용에 대해 저는 "불교의 색즉시공 공즉시색의 의미와도 일맥상통한 말씀이신 것 같습니다. 색에서 공으로 가는 의식 과정은 일종의 허(虛)를 인식하는 과정이기도 하며, 공에서 색으로 가는 인식 과정은 허를 넘어서는 정과 반의 합으로의 과정인 것 같습니다. 좋은 기사 잘 보았습니다."라고 올린 내용입니다.

"감각적으로나 이성적으로 인식할 수 있는 모든 것은 공(?)에 지나지 않는다."라고 하는 '색즉시공'이란 말은 일련의 허무주의적 관점을 배경으로 인식된 개념이라고 말씀드릴 수 있을 것입니다. 세상이 허무하다고 느껴지는 중요한 요인 중에 하나가 바로 삶에 대한 회의감이 강하게 밀려올 때가 아닐까 하고 생각해 보는데요, 이런 회의감은 근본적으로 불확실성 때문에 일어나는 모종의 느낌이라고 말씀드릴 수 있을 것입니다. 모든 것이 확실하다고 생각했다면 세상을 공(孔)으로 인식하지 못했을 것입니다. 모든 것이 다 불확실하기 때문에 세상은 실체가 없는 허(虛)하고 공(孔)한 세계가 되는 것입니다.

그러나 색(色)이 공(孔)일 뿐이기만 하다면, 존재에 대한 인식 자체뿐만 아니라, 색이 공이라고 하는 인식의 과정조차도 이루어질 수 없습니다. 이미 모든 것이 다 아무것도 아닌 텅 비어있는 상태인데 어떻게 생각할 수가 있겠습니까? 따라서 '색즉시공'이란 말은 그 자체로써만은 결코 성립될 수 없는 말이라는 것을 알 수 있을 것입니다. 즉 '색즉시공'이란 말은 '공즉시색'이란 말과 서로 함께 전제되어야만 말로써 그 의미를 가지는 표현이 되는 것입니다.

'색즉시공'이란 말에는 두 가지 수리 물리학적 개념이 적용되어 있습니다. '시간'과 '변화'라는 개념입니다. 시간을 한없이 0에 가깝게 보내면 우주 만물은 매 순간 변화하는 세계일 뿐이며, 의식 또한 오직 순간에만 지나지 않는다는 결론이 나오고, 이것이 곧 공(孔)에 지나지 않는다는 개념과 같게 되는 것입니다. 그리고 마찬가지로 세계라는 변수를 최대한 0에 가깝게 보내면 우리 인간의 눈이 인식할 수 있는 세계는 거의 공(孔)이나 다름없는 세계에 불과한 것이 되는 것입니다.

그러나 '순간'에 대한 인식의 판단은 적어도 순간 이상의 시간, 즉 '영원성'을 인식할 수 있을 때라야만 가능한 판단이며, 또 한 '나'라는 존재를 인식하기 위해서도 반드시 나를 포함한 나 이외의 '세계'를 인식할 수 있어야만 가능한 것이라고 말씀드릴 수 있는 것입니다.

'색즉시공 공즉시색'이란 말은 '색(色)'을 부정함으로써 도출된 '공(孔)'또한 모순을 수반하고 있다는 사실을 인식함으로써 다시 '색(色)'으로 돌아올 수밖에 없다는 것을 표현한 말입니다. 그러나 처음의 색과 마지막의 색은 같은 색이지만 동시에 다른 차원의 색입니다. 처음의 색이 부정된 색이라고 한다면 마지막의 색은 인정된 색이라는 것입니다. 똑같은 색을 부정의 눈으로 바라보는 것과 인정의 눈으로 바라보는 것은 차원이 전혀 다릅니다. 공을 인식해 가는 과정에서 수반된 많은 정신적 심리적 허무함을 극복함으로써 얻어진 겸허(?), 바로 이것이 최종적으로 도출된 세상을 바라보는 색이 아닌가 하고 생각해 봅니다.

여기서 정(正)과 반(反)의 합(合)이 이루어지는 원리에 대해서도 살펴볼 수 있을 것 같습니다.

'정반합(正反合)'이란 말에 대해 헤겔의 생각을 살펴보면 "정의 단계란 그 자신 속에 실은 암암리에 모순을 포함하고 있음에도 불구하고 그 모순을 알아채지 못하고 있는 단계이며, 반의 단계란 그 모순이 자각되어 밖으로 드러나는 단계이다. 그리고 이처럼 모순에 부딪힘으로써 제3의 합의 단계로 전개해 나간다. 이 합의 단계는 정과 반이 종합 통일된 단계이며, 정과 반에서 볼 수 있었던 두 개의 규정이 함께 부정되면서 또한 함께 살아나서 통일된다."라고 말하고 있습니다. '색즉시공 공즉시색'에서 마지막 도출된 '색(色)'과 제3의 종합 통일된 합(合)이 서로 통하고 있는 개념이라고 충분히 생각해 볼 수 있을 것 같습니다.

제 자신이 어떤 오류를 범하고 있는지 알아채기가 그야말로 가장 어려운 일이 아닌가 하고 생각해 봅니다. 인간의 의지로 다 이루어질 수 없다는 회의감과 허무함이 밀려올 때도 있습니다. 그러나 그 허무함을 조금만 받아드릴 수 있다면, 좀 더 가벼운 마음으로 함께 살아갈 수 있지 않을까 하고 생각해 봅니다.

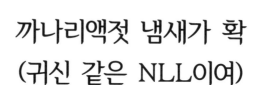

까나리액젓 냄새가 확
(귀신 같은 NLL이여)

백령도는 까나리 액젓이 진동하는 곳

TV 홈쇼핑에도 나와 내 코끝 시큰도 하고

콧물 솟으면 눈도 매워 찔끔 흘리게도 하는 곳

언젠가 홈쇼핑에서 백령도 특산물인 까나리액젓을 판매하는 것을 본 적이 있습니다. 그런데 그것을 보자마자 백령도 사항 포 208초소에 진동하던 액젓 냄새가 확 풍겨오는 것 같기도 하지 않겠습니까? 좀 과장스럽지만 짠내가 머릿속까지 퍼지는 것 같았습니다. 삶이 감각적으로 기억될 때 더욱 진하게 느껴지는 것 같습니다.

이른 아침 k2 소총 메고 바닷가 215초소 가노라면

선임해병 바짝 쫓아가는 내 발목 잡고 뭉게뭉게 해무가 피어오르던 곳

속까지 푸르른 바다, 참으로 아름다운 백령도여!

손오공이 타고 다니는 구름같이 제 발목에 피어오르는 바다 안개를 군화로 짓밟고 가기가 진짜로 무지무지 미안했습니다. 백령도를 가 보신 분들은 아시겠지만 참으로 아름다운 섬입니다. 백령도에 관한 두산백과의 내용을 올려봅니다.

인천항에서 북서쪽으로 약 178km 떨어진 서해 최북단의 섬으로, 북한과 가장 가까운 위치에 있다. 섬의 위치는 동경 124도 53분, 북위 37도 52분에 위치한다. 북한의 장여군에서 약 10km, 장산곶에서 15km 떨어져 있다. 섬의 최고봉은 해발 184m의 업죽산이며, 동쪽에 145m의 남산이 있고, 서쪽에는 해발 162m의 망골산이 있다. 섬의 남부에는 동쪽에 해발 130m의 이랑구미산, 중앙에 해발 114m의 매막골산, 서쪽에 해발 176m의 삼각산이 있다. 섬의 모양은 동쪽을 바라보는 'ㄷ' 자이다. 처음에는 황해도 옹진반도와 이어져 있었으나, 후빙기에 해면이 상승하면서 평원에 돌출되어 있던 부분이 수면 위에 남아 형성되었다. 1월 평균기온 −4.5℃, 8월 평균기온 25℃, 연강우량은 755.8mm이다. 면적 45.83㎢, 인구는 약 5,393명(2014)이다. 본래 황해도 장연군(?)에 속했으나 광복 후 옹진군에 편입되었다. 원래의 이름은 곡도인데, 따오기가 흰 날개를 펼치고 공중을 나는 모습처럼 생겼다 하여 백령도라고 부르게 되었다. 진촌리 조개무지(말등패총)에서 신석기시대의 유물이 다량으로 출토되어 일찍부터 이곳에 사람이 살았던 흔적을 볼 수 있다. 삼국시대에 백령도를 곡도(??)라고 하였으며, 신라 진성여왕 때 당나라로 가던 사신이 풍랑을 만나 곡도에서 10여 일을 머물렀다고 한다. 후삼국 시대에는 당나라로 통하는 중요한 해상교통의 요지였기에 백령도를 차지하기 위한 치열한 해전이 벌어지기도 하였다. 고려 태조 때 명장이었던 유금필 장군이 무고를 당해 곡도로 유배를 당했다. 조선 세종 때 편찬된 『고려사』에 의하면 고려는 곡도를 백령(?)으로 개명하고 진을 설치하였다고 기록하고 있다. 1051년 백령진에 화재가 발생하여 백령진장 최성도와 부장 최숭망을 처벌하였다고 기록하고 있는 것으로 보아 고려시대부터 백령도에 진을 설치하고 진장과 부장을 두어 군사적 요충지로 관리되었음을 알 수 있다. 조선시대에는 백령진을 설치하였고, 1894년(고종 31년) 폐지되었다. 역사적으로 백령도는 고려시대부터 유배지로 이용되었다. 심청이 몸을 던졌다는 인당수가 있으며, 1999년 10월에는 2층 규모의 심청각 전시관이 준공되어 많은 사람들이 이곳을 찾아 심청이의 효심을 배워가기도 한다. 까나리액젓, 참다래(키위), 흑염소 엑기스, 전복, 해삼, 멸치, 약쑥, 가리비, 농어, 우럭, 놀래미 등의 특산물이 있다. 서해의 해금강이라 불리는 두무진과 세계에서 두 곳뿐인 사곶 천연비행장으로 유명하다.) 「네이버 지식백과」, 백령도(두산백과 두피디아, 두산백과

어느 틈 해무가 내 발길에 차이고 황해도 장산곶 바짝 다가서면
몽돌 하나 휙 던져도 닿을 거리 한때 그대도 황해도 땅이라 했다지
푸르른 바다 그 어디쯤에도 선 하나 그어 있지 않아
고깃배 NLL 넘었다고 NEWS가 나오면, 차라리
네모난 책상에 금 그어놓고 다투던 어린 시절이 생각나기도 하는 곳

백령도에서 근무하던 동기 하나가 생각납니다. 직책이 통신병이었습니다. 백령도는 아직도 UN군 관할 지역인지는 잘 모르겠습니다만, 군사적으로 매우 중요한 곳이라고 합니다. 당연히 북한 땅이 아주 가깝게 있기 때문일 것입니다. 오죽하면 해무가 걷히고 장산곶이 바짝 다가서면 돌멩이 하나 휙 던져도 닿을 듯하겠습니까? 이렇다 보니 바닷가에 깔린 게 지뢰입니다. 물론 철조망으로 둘러 쳐놓았다고는 하지만, 아무리 그래도 '지뢰'라는 것의 기본이 사라질 수야 있겠습니까? 백령도 해안에는 약 2km마다 초소가 세워져 있는데요, 당연히 통신선도 깔려 다 연결되어 있습니다.

이런 말씀드려도 될지 모르겠습니다만, 저도 해안근무를 해봐서 아는데, 북한 괴뢰가 넘어올까 봐 눈깔 빠지게 바다만 쳐다보고 있었겠습니까? 오히려 중대장 지프가 오나 안 오나 하고 멍하게 개구멍을 쳐다

보는 시간이 더 많았던 것 같습니다. 물론 가끔 물개 대가리를 보고도 놀란 적 있습니다만, 아무리 눈 씻고 쳐다봐도 백령도 앞바다에 쭉 그어진 북방한계선 같은 것들은 단 한 번도 본 적 없습니다. 작대기로 쭉 그어놓고 '너 넘어오면 죽어!'라는 식 같으면 차라리 애 같기나 하지 않겠습니까? 왜 사람들은 눈에 뵈지도 않는 금을 자기들 맘대로 그어놓고 세월이 가도 좀처럼 녹슬지 않는 냉전 덩어리를 밟으면 터질 만큼 그대로 방치해둔 것입니까? 이거 진짜로 너무하시는 거 아닙니까? 제 동기 녀석 통째로 발목이 날아가 버린 날 난생 처음으로 헬기라는 것을 타봤을 것입니다.

사항포 208초소 앞에는 기차바위가 있는데
아마도 북녘땅 월래도를 향하고 있어
대한민국 해병은 해마다 해마다 빗발치도록
폭탄 투하 훈련을 하였다지
입을 벌리고 귓구멍을 꽉 틀어막지 않으면
고막이 찢어져 버릴 정도로
자본주의는 사회주의를 용납할 수 없었다지

그 백령도 앞바다 밑에는
죽창 같은 쇠붙이가 38도 각쯤 될까.
반백 년 동안이나 깊숙이
사회주의 심장을 찌르고 있다네

해안에 쇠붙이를 죽창같이 박아놓은 이유는 북한 괴뢰들이 배나 고무보트로 침투하는 것을 막기 위해 만든 것이라고 쉽게 생각해 볼 수 있는데요, 어떻게 이토록 초절정 감각으로 발상되어 끝끝내 21세기로 이어질 수 있는지, 경이롭다 못해 저의 심금을 울립니다.

'자본주의다, 사회주의다.' 하는 것들을 종교적 신념이라고 생각하는 사람은 별로 없을 것입니다. 거기에는 믿을 신들이 존재하지 않기 때문입니다. 무엇이든 간에, 그냥 우리 잘살아 보자고 만든 삶의 사회적 방식 중에 하나들 아니겠습니까? 이와 같은 개념들은 옳고 그름의 대상이 아니라, 변화하는 사회적 상황에 따라 얼마든지 다양하게 연구될 수 있는 매우 유동적인 개념들인 것입니다. 어찌 이런 개념들을 이분법적으로 딱 그어놓고 죽창을 들이밀고 있는 것입니까? 반백 년, 38선 만큼이나 흑백논리의 오류가 일어나는 것은 시멘트보다 더 단단하게 굳어버린 우리 머릿속의 관념 때문이 아니겠습니까?

그러나 파도는
끊임없이 밀려오고 있구나!

21세기라고 합니다. 그 세기가 어느 정도냐면요, 날아가는 탄환을 총으로 쏴서 맞출 수 있는 세기라고 합니다. 대단하지 않습니까? 그러나 이렇게 어마어마한 세기임에도 불구하고 쓰나미 한 방으로 수십만 명이 죽기도 하지 않습니까?

인류가 스스로 지구를 파괴할 자신이 없다면, 우리는 공존과 조화를 바탕으로 살아갈 수밖에 없을 것입니다. 지구가 공전을 멈춘다 해도, 우주는 눈 하나 깜짝하지 않을 것이기 때문입니다.

축사를 엎드려 걸어보세요.

       제 이성의 수직성을 걷어치우기가 만만찮습니다. 직립의 관성이 내 영혼까지 곧추세웠기 때문일 것입니다.

  젖소 농가를 다니다 보면 발톱이 자라 마치 장화를 신고 다니는 듯한 녀석들을 발견할 수가 있습니다. 이것은 콘크리트 바닥으로 되어 있는 좁은 축사 안에서 여럿이 생활하다 보니까 닳아야 할 발톱이 닳지 않아 길게 자란 발톱에 소똥이 더덕더덕 달라붙으면서 조형된 모양입니다. 반 톤이 넘게 나가는 덩치가 마치 장화를 신고 다니는 듯한 모습을 보면 측은한 마음이 들기에 앞서 무척 개그스럽기도 합니다. 여기서 가끔은 정신의 비약이 발동하기도 합니다. 세상 모든 사람들이 두 발과 두 손에 장화를 신고 엎드려 다니는 상상을 해 보기도 하는 것입니다. 요즘 어떤 광고에서도 사람이 개보다 더욱 현실적으로 썰매를 끄는 장면이 나오기도 하던데요, 발상의 전환에서 나온 코믹한 아이디어가

한편으론 참으로 그럴 듯하다고 여겨지기도 합니다. 어쩌면 이것은 진짜로 그랬을지도 모른다는 생각이 진화처럼 밀려오기도 하기 때문일 것입니다.

그러나 장화를 신은 듯 질퍽한 축사를 걸어 다니는 녀석들로서는 결코 개그가 아니라 괴로움인 것입니다. 소들은 인간과 같이 한 자리에 똥을 누고 물을 내리는 방법을 알지 못합니다. 그저 자연이 정화해주기를 바라며 한때를 기다리는 습성을 가지고 있을 뿐입니다. 물론 이들이 자신들이 싼 똥 위에서 불편한 잠을 청할 수밖에 없는 이유를 굳이 자본주의의 이기까지 끌어올 필요는 없을 것입니다. 하지만 직접 내 손에 장화를 끼우고 질퍽한 축사를 다녀보면 그것이 얼마나 괴로운 일인지를 너무도 잘 알 수 있습니다.

보통은 봄과 가을에 두 번 정도 발톱을 깎아 주는 것이 좋은데요, 사람들 손톱 깎는 것처럼 그리 쉬운 일이 아닙니다. 그래서 소 발톱만 전문으로 깎는 분들이 계신데요, 한 번쯤 볼 만한 광경이라고 생각됩니다.

장화를 신은 듯한 녀석들은 발이 상할 가능성이 큽니다. 그리고 걷기가 힘들다 보니 다른 녀석들에게 치여 양껏 밥을 먹기도 어렵고, 한 번 주저앉으면 다음 착유 시간까지 그대로 앉아 있다가 주인이 휘두르는 회초리에 엉덩이라도 서너 번 두들겨 맞아야 억지로 일어나는 경우가 대부분입니다. 그만큼 이들은 젖꼭지의 세균감염 비율이 높아져 유방염을 자주 발생하기도 합니다. 그것은 곧 우유 생산량의 감소로 나타나는 것이기 때문에 농가의 입장에선 도태처리 1순위로 뽑을 수밖에 없습니다.

이들에게 발톱은 닳아야 하는 것입니다. 닳지 않으면 우스워지기도 하고 인간의 눈 밖에 나기도 하는 것입니다. 닳는다는 것이 역동적인 생의 미학이라고 한다면, 이들에게도 사는 동안 만큼은 발톱이 닳을 수 있기를 바랍니다.

만일 제 이성의 수직성이 직립의 관성으로부터 비롯된 것이라고 한다면, 그것은 곧 닳지 않은 제 두 손에 의해 빚어진 것이라고 생각합니다.

세상 사람들 전부 다 네 다리로 기어 다니길 절대 바라지 않습니다. 다만 손톱 같은 영혼이 하늘로만 치닫기를 경계하는 것이며, 땅을 아끼고 늘 감사하는 마음으로 살 줄 아는 농부의 닳고 닳은 손 같아지기를 저 자신부터도 소망해 보는 것입니다.

누가 그 시간을 돌려주실래요?

　　초등학교 2학년 때 선생님께 매 맞아가며 구구단을 외웠던 것 같습니다. 교단 앞에 서서 '이 일은 이, 이 이 사, 이 삼은 육, 이 사팔…' 하고 외다가 어느 쯤에 막혀 손바닥을 맞았는지는 잘 기억나지 않습니다. 어느새 30년이 지나버렸거든요.

　　요즘 초등학교 아이들에게 가끔 물어봅니다. 아직도 구구단을 외냐고 말입니다. 그러면 "그렇다."라고 대답합니다. 30년, 아니 우리 앞 세대들도 그렇게 외웠을 테니까 적어도 50년 이상 동안 교단 앞에서 구구단을 왼다고 하니, 왠지 모르게 동질성을 느낄 수 있어 기분이 좋기도 합니다.

　　그런데 컴퓨터 아이폰까지 나온 마당에 왜 아이들은 아직도 교단 앞에서 구구단을 외는 것일까요? 빠른 계산을 목적으로 한다면 수학 시험 시간 내에 문제를 다 푸는 데는 어느 정도 도움은 줄 수 있을 것 같습니다. 검색하고 자판을 두드리는 것보다는 빠를 수 있을 테니까요.

　하지만 죽고 사는 문제도 아닌데 계산 좀 느리면 어떻고 좀 틀리면 어떻습니까? 그렇다고 아주 크게 차이 나는 것도 아니고요. '팔 구에 칠 십이'가 될 수밖에 없는 원리는 쏙 빼놓고 계산만 빨리 한다면 도대체 수학이라고 하는 학문이 어떤 의미가 있는 것인지 한 번쯤 되짚고 싶 습니다. 물론 너무 간단한 원리라 굳이 강조하지 않아도 그냥 외우기만 하면 저절로 알게 되는 것인지도 모르겠습니다만, 간단한 원리가 쌓이 고 쌓여 오늘날의 학문을 이루고 있는 것이라고 생각합니다. 시간이 좀 오래 걸리더라도 아이들이 스스로 깨우칠 수 있도록 도와주는 방향으 로 교육이 이루어져야 한다고 생각합니다. 무조건 달달 외우게 해서는 배움에 대한 거부감을 유발하여, 나아가 학문에 대한 경시 풍조를 조

장할 수도 있을 것이기 때문입니다. 간단한 원리부터 재미있으면서도 진지하게, 그리고 좀 더 깊이 있게 탐구하려는 자세를 길러주는 것이 아이들이 미래를 개척해 나가는 데 더 도움이 되리라 생각합니다.

교과서는 외우라고 있는 것이 아니라, 학문에 어떻게 접근해가는 것이 좋은가를 인도해주는 역할을 하는 것이라고 생각합니다. 정해진 시간 안에 주어진 문제들을 다 풀기 위해 머릿속에 억지로 집어넣는 것은 인격 고문이 될 수도 있다고 생각합니다. 고등학교 딱 졸업하자마자 13년의 교육은 어디에다 어떻게 버려야 할지 고민되는 쓰레기가 되고 마는 것이 현실 아닌가요?

그래서 학교의 수업도 여러 면에서 좀 더 합리적인 방식으로 개선될 필요가 있다고 생각합니다. 예를 들어 수업과정을 여러 선생님이 함께 참여하여 '1+1'에 관한 답을, 꼭 수학적인 답만이 아닌, 다양한 방식으로 도출할 수 있다는 것을 가르쳐 주면 아이들에게 더 도움이 되지 않을까 하고 생각해 봅니다. 그리고 일주일에 '수학 시간은 몇 시간, 국어 시간은 몇 시간, 영어 시간은 몇 시간' 하고 딱딱 나누어서 할 것이 아니라, 모든 과목을 같은 시간에 함께 가르쳐야 한다고 생각합니다. 학문은 따로따로 떨어져 있는 성질의 것이 아니라고 생각하기 때문입니다.

저는 그래도 수학을 좋아하는 편이었는데요, 막상 시험을 보면 다른 친구들만큼 좋은 점수를 받지는 못했습니다. 수학이 가지고 있는 논리의 타당성을 파고들 때마다 상당히 즐거움을 맛볼 수가 있었음에도 불구하고, 정해진 시간 안에 문제를 다 풀지는 못했습니다. 암튼 재미있게 공부했던 것 같은데요, 그것도 시간 앞에 무력해지더라고요. 10년 넘게 나 몰라라 하고 살다 보니 머리에 남는 게 거의 없습니다. 지금은 일차방정식도 어떻게 푸는 것인지 다 잊어버렸습니다. 덧셈 뺄셈에서 미적분 확률 통계까지 13년을 공부한 대가 치곤 너무도 참혹하지 않습니까? 저뿐만은 아니리라 생각합니다. '의사님, 판사님, 교수님, 기자님, 검사님, 의원님, 회장님' 등 이 모든 분께 삼차방정식 문제 하나 툭 던져보세요. 얼마나 풀 수 있을까요? 일제고사는 아이들에게만 적용되어서는 안 된다고 생각합니다. 이런 공부 해서 좋은 점수 따가지고 좋은 대학 가서 판사도 되고 의사도 되고 검사도 되고 그랬으면 그 실력을 정기적으로 평가받아야 하는 것 아닙니까? 그래서 저는 정기적인 '국민고사'가 치러져야 한다고 생각합니다.

물론 "수학 공식을 모두 잊어버렸다고 해도, 농구를 하면 농구 선수가 되지 않아도 민첩성과 같은 것들이 길러지듯, 수학을 공부하면서 얻어진 어떤 것은 정신을 건강하게 만든다."라는 이야기꾼 님의 말씀에 전적으로 동의합니다. 그런데도요, 너무나 아쉽습니다. 수학이 제게서 너무 멀리 달아나버린 것 같아서 말입니다.

수학뿐만이 아닙니다. 영어는 더 심합니다. 저도 영어공부 좀 했다고 자부할 수 있습니다. 성문 종합만 해도 수십 번은 봤으니까요. 영어 단어 외우느라 연습장에 휘갈긴 시간들을 어찌 다 헤아릴 수 있겠습니까? 그런데도요, 남아 있는 게 거의 없습니다. 그나마 인터넷이 발달하여 매우 감사하게 생각하며 삽니다. 비극 아닙니까? 십수 년을 그토록 달달 외우면서 살았는데, 외국 사람이라도 보게 되면 슬슬 눈길을 피하게 되는 저의 이 죄인 같은 심리는 도대체 어디서 온 것입니까? 이거 진짜 비극 아닙니까? 당시 선생님들께서는 왜 그토록 영어단어를 달달 외우라고 하셨는지, 지금 생각해 보면, 바람직한 방식은 아니지 않았나 하는 생각이 듭니다. 아직도 발바닥이 얼얼한 것 같습니다. 우리나라 문법도 어려운데, 뭣 하려고 그놈의 영어 문법에 목을 매고 있어야 했는지, 정말 안타까운 일이 아닐 수 없습니다. 영어가 왜 제 삶에 이렇게 두려운 존재로 각인되게 되었는지, 누군가에게 꼭 한 번쯤 여쭤보고 싶었습니다. 영어수업 시간엔 깨끗하게 책을 걷어내셨으면 좋겠습니다. 대화도 안 통하는데 무슨 편지부터 주고받을 일 있습니까? 아니 외국 사람 보면 쫄게 되는 이 어처구니없는 심리를 누가 치료해 줄 것이냐 말입니다. 영어라는 것으로 낭비되는 이 어마어마한 사회적 비용을 누가 책임질 것이냐 말입니다.

우리나라 '국어'라고 다를 게 있겠습니까? 우리나라 말이고 글이다 보니, 쪼금은 인센티브가 붙을지 모르겠습니다만, 하지만 한글을 가지고 공부하는데, 어떻게 한글이 더 어려울 수가 있냔 말입니다. 그러니 이 위대한 창조 앞에서도 '국경일이네, 공휴일이네.' 하는 참으로 웃지 못할 일들이 벌어지고 있는 것은 아닙니까? 누가 그 시간을 돌려주실 것입니까?

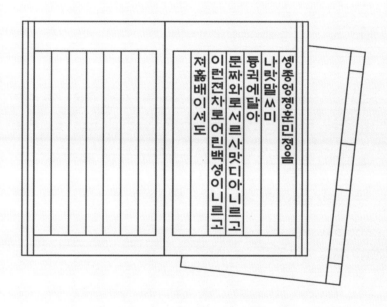

셰종엉졩훈민졍음

나랏말ㅆ미
듕귁에달아
문짜와로서르사맛디아니ㄹ고
이런젼차로어린백셩이니ㄹ고
져홇배이셔도

한글을 아시나요?

펴낸날   2022년 6월 10일

지 은 이   진대영
펴 낸 이   이기성
편집팀장   이윤숙
기획편집   윤가영, 이지희, 서해주
표지디자인 윤가영
책임마케팅 강보현, 김성욱
펴 낸 곳   도서출판 생각나눔
출판등록   제 2018-000288호
주   소   서울 잔다리로7안길 22, 태성빌딩 3층
전   화   02-325-5100
팩   스   02-325-5101
홈페이지   www.생각나눔.kr
이 메 일   bookmain@think-book.com